Mexikanisch kochen

Die Autorinnen

Beate Engelbrecht, geboren 1952, schloß ihr Studium der Ethnologie, Soziologie und Nationalökonomie mit Promotion ab. Sie arbeitet als Ethnologin, freie Autorin und Lektorin in Göttingen. Zuletzt veröffentlichte sie »Von Armen Rittern, Falschen Hasen und Verlorenen Eiern« im Deutschen Taschenbuch Verlag.

Ulrike Keyser, geboren 1953 in Marburg, Studium der Ethnologie und Volkskunde, Mitarbeiterin des Museums für Völkerkunde in Hamburg. Sie lebt als Ethnologin in Mexiko.

Beate Engelbrecht
Ulrike Keyser

◆

Mexikanisch kochen

Gerichte und ihre Geschichte

◆

Verlag Die Werkstatt · Edition d i á

CIP-Titeleintrag der Deutschen Bibliothek:

Engelbrecht, Beate:
Mexikanisch kochen / Beate Engelbrecht ; Ulrike Keyser. - Göttingen : Verl. Die Werkstatt ; Berlin : Ed. Diá, 1999
(Gerichte und ihre Geschichte)
ISBN 3-89533-248-8

1 2 3 2002 2001 2000 1999

Dieses Buch erscheint in der Reihe »Gerichte und ihre Geschichte« im Verlag Die Werkstatt, Göttingen.

Umschlagfoto: Andrea Kolling
Fotografien: Dieter Josef, Wien (Seite 32a Mitte, Seite 64b oben und unten), Transglobe, Hamburg/Richard Rowan (Seite 192a oben), Bildarchiv Klaus Thiele, Warburg (Seite 32b unten, Seite 128b oben, Seite 192b oben), sowie Beate Engelbrecht, Göttingen, und Ulrike Keyser, Hamburg (übrige Seiten)
Gesamtherstellung: Verlag Die Werkstatt GmbH, Lotzestraße 24a, 37083 Göttingen

ISBN 3-89533-248-8

Inhalt

Die mexikanische Küche

Geschichte

Die Hauptstadt des vorkolonialen indianischen Reiches, Tenochtitlán, lag auf einer Insel mitten im See Texcoco, die über künstlich angelegte Dämme vom Festland aus zu erreichen war. Nach der planmäßigen Zerstörung der Stadt durch die Spanier errichteten diese aus und auf den Trümmern die heutige mexikanische Hauptstadt, Ciudad de México, deren ungeheure Ausdehnung nur noch an wenigen Stellen jenen See unbebaut ließ, der einst das Tal von Mexiko prägte.

Dieser Moloch, Tequila, Sombreros, die Fußballnationalmannschaft und für den ein oder anderen die Italowestern sind – neben der Küche – die zentralen Dinge, die weltweit mit Mexiko verbunden werden. Aber Mexiko ist weit mehr. Es ist ein reiches und vor allem riesiges Land. Im Norden grenzt es an die Vereinigten Staaten von Amerika, im Süden an Guatemala. Von Norden nach Süden erstreckt es sich über eine Distanz von rund 3.100 Kilometer und umfaßt damit ein Gebiet, das etwa fünfeinhalbmal so groß ist wie die Bundesrepublik Deutschland. Die Verwaltung teilt Mexiko in 32 Bundesstaaten ein. Deren politische Grenzen haben jedoch wenig gemein mit kulturellen oder klimatischen.

Dank seiner Lage – auf Höhe der Sahara – und seiner geographischen Struktur kennt das Land sehr unterschiedliche Klimata. Dies und die zahlreichen Vegetationszonen ermöglichen eine vielfältige landwirtschaftliche Produktion. Daraus erklären sich Reichhaltigkeit und Differenziertheit der mexikanischen Küche.

Maya und Mexica

Ursprünglich wurde Mexiko von zahlreichen indianischen Gruppen bewohnt. Je nach den natürlichen Möglichkeiten und Bedingungen lebten sie als Wildbeuter vom Sammeln und Jagen. Sie errichteten große Reiche wie die der Maya und

Mexica, die unter anderem nur deshalb entstehen konnten, weil intensiv betriebener Landbau die Bevölkerung mit den Grundnahrungsmitteln Mais, Bohnen und Kürbis in ausreichendem Maße versorgte. Anfang des 16. Jahrhunderts setzte die spanische Eroberung Mexikos ein und mit ihr auch die Vermischung der Kulturen und Völker. Heute leben in Mexiko über 90 Millionen Menschen, mit steigender Tendenz. Etwa 80 Prozent sollen Mischlinge sein, 10 Prozent werden als Indianer eingestuft. Doch wer entscheidet, wer Indianer, wer Mestize ist? Für einen Indianer kann es von Vorteil sein, als Mestize betrachtet und deshalb mit mehr Respekt behandelt zu werden. Für die Regierung wäre ein abnehmender Prozentsatz der indianischen Bevölkerung ein Erfolg, versucht sie doch seit Jahrzehnten, die Indianer »der mexikanischen Kultur anzupassen«. Dies ignoriert die Tatsache, daß eine mexikanische Kultur ohne die indianische nicht existiert.

Ein lebendiges Beispiel dafür ist die Küche, die ein Spiegelbild der Kulturgeschichte des Landes ist. Aufbauend auf der indianischen Küche, wurde sie durch spanische Pflanzen und Tierprodukte erweitert und bereichert und hat sich so über die Jahrhunderte zur mexikanischen Küche entwickelt; die vielen regionalen Unterschiede basieren vornehmlich auf den unterschiedlichen geographischen Gegebenheiten.

Geographie und Landesküche

Geographisch kann Mexiko grob in drei Regionen unterteilt werden. Den Norden bildet eine 1.000 bis 2.000 Meter hoch liegende Ebene, die heute wegen geringen Niederschlags und extremer Temperaturen vor allem für extensive Viehwirtschaft genutzt wird. Landwirtschaftliches Zentrum dieser Region ist Chihuahua, zum industriellen Mittelpunkt hat sich Monterrey entwickelt. Das nördliche Hochtal wird im Westen wie im Osten von Bergketten begrenzt, der westlichen und der östlichen Sierra Madre, die sich weit in das zentrale Mexiko hinein erstrecken. Die landwirtschaftliche Nutzung auch der Küstenstreifen des Nordens ist nur mit künstlicher Bewässerung möglich; hier wird Plantagenwirtschaft betrieben, vor allem für den Export.

Zentralmexiko, das zentrale Hochland, ist seit jeher das am dichtesten besiedelte Gebiet des Landes, geprägt durch zahlreiche Hochebenen, die von Vulkankegeln durchbrochen und abgegrenzt werden. Von Westen nach Osten zieht sich die Sierra Transversal Volcánica mit den bekannten Vulkanen Iztaccíhuatl (5.326 Meter) und Popocatepetl (5.450 Meter). Die Hochebenen liegen auf 2.000 bis 2.500 Meter Höhe; obwohl in den Tropen gelegen, herrscht hier ein eher kühles Klima. Wesentlich für die Landwirtschaft ist der Wechsel von Regen und Trockenzeit, die sich jeweils über ein halbes Jahr erstrecken.

Während in der Regenzeit intensiv Feldbau betrieben werden kann, herrscht in der Trockenzeit großer Wassermangel, der das Leben in den Dörfern wie in Mexiko-Stadt sehr erschwert. Im zentralen Hochland werden, vor allem von Kleinbauern, Grundnahrungsmittel wie Mais, Weizen, Kartoffeln, Bohnen und Chili angepflanzt, zudem zahlreiche Gemüse und Früchte. Am südlichen Rand des Hochlandes, aber auch zu Zentralmexiko gehörig, liegt in 1.600 Meter Höhe eine mittelwarme Region schon tropischen Charakters, die auch in vorspanischer Zeit die Hochlandregionen mit tropischen Früchten und Gemüsen belieferte.

Den Süden des Landes beherrschen zwei Gebirgszüge: die südliche Sierra Madre, die bis nach Oaxaca reicht, und das in Chiapas beginnende zentralamerikanische Hochland. Auch hier herrscht ein eher kühles Klima vor, das jedoch wegen der südlicheren Lage und der höheren Niederschläge wesentlich tropischer wirkt. Die Speisen der Region sind geprägt durch den außerordentlichen Pflanzenreichtum.

Entlang der mexikanischen Küsten und auf der Halbinsel Yucatán herrschen tropische Temperaturen. In dem ständig warmen und feuchten Klima gedeihen alle tropischen Früchte. Aufgrund der Nähe zum Meer spielt der Fischfang eine große Rolle.

Schon in vorspanischer Zeit pflegten die einzelnen Regionen einen regen Güteraustausch, so daß sie sich kulinarisch nicht stark voneinander unterschieden. Durch die Kolonialisierung fand eine weitere Angleichung statt. Dennoch existieren heute Unterschiede: Im Norden kommt dem Fleischkonsum große Bedeutung zu, Mais spielt kaum eine Rolle; Maistortillas werden meist durch Weizentortillas ersetzt. In Zentralmexiko und im Süden herrschen noch immer die traditionellen Nahrungsmittel Mais und Bohnen vor. Je begüterter eine Familie, desto stärker variiert sie mit Gemüse und Fleisch. In den Küsten- und Seeregionen sorgt der große Reichtum an Fisch- und Meerestieren für Abwechslung auf dem Speisezettel.

Die mexikanische Küche wird aufgrund ihrer Differenziertheit von Feinschmeckern hoch gelobt, viele Rezepte bauen aufeinander auf. Eine hausgemachte Maistortilla mit etwas Salz dient den armen Bevölkerungsschichten als Zwischenmahlzeit, mit Bohnen als Frühstück, mit Bohnen sowie Avocados als Mittag- und mit Fleisch als Abendessen. Kommen noch Reis und eine Sauce hinzu, so hat man bereits ein Festessen. Die Kombinationsmöglichkeiten sind nahezu unbegrenzt; die mexikanische Küche provoziert kreatives Kochen geradezu.

Die präkoloniale Küche

Zahlreiche Berichte über die Bedeutung der Koch- und Eßkultur in vorkolonialer Zeit sind besonders für das zentrale Hochland erhalten geblieben, wo die Mexica in den 200 Jahren vor der Ankunft der Spanier ein großes und sozial vielschichtiges Reich errichtet hatten. Zur Zeit der spanischen Eroberung lebten im Hochtal von Mexiko rund 200.000 Menschen. Eine sakrale und politische Führungsschicht dominierte den durch Kaufleute, Handwerker und Bauern geprägten Staat. Er finanzierte sich durch die Tribute, die er den freien Bauern und Handwerkern sowie den Angehörigen anderer Völker abverlangte, die innerhalb seines Herrschaftsbereiches lebten. Privatbesitz an Grund und Boden kannten die Mexica nicht.

Wie alle indianischen Gruppen Mexikos verfügten die Mexica über ein reichhaltiges Nahrungsmittelangebot. Nutzpflanzen wurden gesammelt und systematisch angebaut. Jagd und Fischfang versorgten die Bevölkerung mit tierischen Erzeugnissen; Haustiere im europäischen Sinne waren kaum bekannt. Außer dem – später aus Mexiko in Europa eingeführten – Truthahn *(huexolotl)* wird nur von gemästeten Hunden sowie domestizierten Tauben und Wachteln berichtet. Angesichts des einstmals reichen Tierbestandes ermöglichte die Jagd Abwechslung in der Fleischversorgung. Zur täglichen Beute gehörten Wildschweine, Kaninchen, Hasen, Enten, Gänse, Rebhühner, Gürteltiere, Ameisenbären, Tapire, Schildkröten, Leguane und *tepezcuinctles,* wilde, unbehaarte und sich nur von Pflanzen ernährende Hunde.

Neben der Meeresfischerei, die für die Küstenvölker von besonderer Bedeutung war, erlaubten der See Texcoco sowie die vielen Seen und Flüsse des mexikanischen Hochlandes den Menschen den Fang verschiedenster Fischarten, Krebse, Krabben und Wasserlarven sowie das Sammeln der als besondere Delikatesse geschätzten Eier der Wasserfliege *(ahuautli).* Die für ihren Reichtum an Proteinen bekannten Eier wurden von den

Spaniern mit Kaviar verglichen und von der mexikanischen Oberschicht bis ins 19. Jahrhundert hinein als Leckerbissen verzehrt. Ferner sammelte man eiweißreiche Maden, besonders die in der Agave lebenden *meocuilli* und *tecoli.* Viele der in vorspanischer Zeit wichtigen Nahrungsmittel tierischen Ursprungs sind auch heute noch, ihrem regionalen Vorkommen entsprechend, fester Bestandteil der mexikanischen Küche.

Die Grundlage der meisten Gerichte des vorspanischen Mexiko bildeten Mais *(centli),* Bohnen *(etl),* Tomaten *(tomatl),* Kürbis *(ayotli)* und Chilis *(chilli).* Chili, Bohne, Kürbis und Avocado *(ahuacatl)* gelten als die ältesten in Mexiko gezüchteten und angebauten Pflanzen; archäologische Funde konnten auf die Zeit zwischen 6000 und 5000 vor unserer Zeitrechnung datiert werden. Die frühesten Zeugnisse für die Kultivierung von Mais stammen etwa aus dem Jahr 3500.

Seit jener Zeit ist Mexiko Zentrum von Maisanbau und -konsum. Ohne Mais ist kein typisch mexikanisches Gericht denkbar. Um ihn ranken nicht nur Bohnen-, Kürbis- und Chilipflanzen, die dem Boden entzogene Nährstoffe wieder zuführen, sondern auch Erzählungen und religiöse Vorstellungen. Mais ist ein Grundpfeiler der mexikanischen Kultur, gilt als Göttergabe und Heilmittel und wird selbst zur Wahrsagerei eingesetzt. Maiskörner zu verschütten und nicht wieder aufzulesen galt als schweres Vergehen.

Kakao und Vanille

Die mexikanischen Indianer haben Pflanzen gezüchtet und kultiviert, die heute über die ganze Welt verbreitet sind. Dazu gehören Kakao *(cacahuatl),* Vanille *(tlilxochitl),* die Agave *(metl)* und Feigenkakteen *(nopalli).* Schon in vorspanischer Zeit verfügte das Land über einen Reichtum an pflanzlichen Nahrungsmitteln, die zwar nicht alle in Mexiko ihren Ursprung haben, aber schon vor dem Einfall der Spanier dort heimisch waren: Süßkartoffeln, Chayoten, *Jícamas* (Knollenfrüchte), Malvenblüten, *Mezquites* (Hülsenfrüchte), Amaranth, *Chía* (Samen), *Huazontles,*

Quelites und *Verdolaga* (grünes Blattgemüse); ferner Erdnüsse, Pinienkerne und verschiedene Pilze; schließlich zahlreiche Früchte wie Ananas, *Capulín, Chirimoya,* Guave, *Jocote, Mamey, Nance,* Papaya, *Pitahaya, Tejocote,* die Früchte des Feigenkaktus und *Sapotes.*

Die besonderen ökologischen Bedingungen Mexikos und die teilweise hohe Bevölkerungsdichte führten früh dazu, daß in der Landwirtschaft technisch hochstehende Anbaumethoden entwickelt wurden. Eine intensive Landnutzung wurde erreicht durch Bewässerungssysteme, die Anlage von Terrassen, Kanälen und Dämmen. Für die Hauptstadt des Reiches der Mexica von besonderer Bedeutung waren die *Chinampas,* im See Texcoco schwimmende künstliche Inseln. Mit Gittern aus Zweigen wurde fruchtbarer Seeschlamm bis zu einem Meter hoch aufgehäuft; die Wurzeln der darauf angebauten Pflanzen kamen ständig mit dem Wasser in Berührung. Auf den *Chinampas* bauten die Mexica vor allem Gemüse für die großen Märkte Tenochtitláns an. Noch heute spielen sie eine wichtige Rolle für die Lebensmittelversorgung von Mexiko-Stadt.

Aufgrund des ausgedehnten Handels- und Tributsystems gelangten auch einfache Waren und Luxusgüter aus entfernten Gegenden ins Zentrum. Die Beschreibungen des Marktes *(Tianguis)* von Tlatelolco, einem Stadtteil von Tenochtitlán, sind ein beredtes Beispiel für den erstaunlichen Umfang des Warenangebots unterschiedlichster Herkunft. Hernán Cortés, der Eroberer Mexikos, spricht von 60.000 sich dort täglich versammelnden Verkäufern und Käufern. Der Marktplatz soll doppelt so groß gewesen sein wie seine Heimatstadt Salamanca in Spanien. Alles war perfekt organisiert: Die einzelnen Gänge waren streng nach Warenarten aufgeteilt, Aufseher überwachten Maßeinheiten und Preise. Über dem Markt thronte eine Gruppe von Richtern, die sich mit allen anfallenden Rechtsbrüchen sofort zu befassen hatte. Die Preise richteten sich, wie auch heute noch zu beobachten, nach Anzahl oder Umfang der Waren, nicht nach ihrem Gewicht. Der Markt bot zudem ein riesiges Angebot an fertig zubereiteten Speisen und Getränken.

Tortillas und *Tamales*

Grundlage der täglichen Ernährung bildeten die Tortillas *(tlaxcalli),* Maisfladen verschiedener Form und Farbe, bzw. die *Tamales (tamalli),* Klöße aus frischem oder getrocknetem Mais, gelegentlich unter Zusatz von Amaranth oder dem gemahlenen Mark der *Capulines.* Variiert oder verfeinert wurden die Tortillas durch Beilagen aus verschiedenen Gemüsen – vor allem Bohnen, Blattgemüse und Kürbis – sowie aus Fleisch und Fisch. Eine wesentliche Rolle spielten die Moles *(chilmolle),* Saucen aus Tomate, Chili und Kürbissamen.

Die Mexica kannten verschiedene Arten der Fleisch- und Fischzubereitung. Da Bratfette unbekannt waren, wurden Fleisch und Fisch im kochenden Wasser gegart oder in der Glut bzw. auf einem Rost über dem Feuer gegrillt. Fleisch konnte auch, in Blätter eingewickelt, im Wasserdampf bzw. im eigenen Saft gekocht werden *(Mixiote).* Ein spezielles und besonders beliebtes Verfahren der Fleischzubereitung war das Garen im Erdofen. Die Methode, die Fleisch besonders zart macht, wurde von den Maya *pibil,* von den Spaniern und auch heute noch *Barbacoa* genannt, nach einem Wort der karibischen Aruak, das »Bratrost« bedeutet.

Die meisten Getränke wurden mit Maisstärke hergestellt, etwa die zahlreichen *Atoles (atolli)* und *Pinole. Atoles* konnten sowohl mit Honig oder Pflanzensäften (Agave, Mais) gesüßt als auch mit Chili gewürzt werden. Besonderen Geschmack verliehen Beigaben aus Amaranth, Bohnen, *Chía,* Kakao, Tomaten oder verschiedenen Früchten. Amaranth, *Chía* oder Kakao bildeten auch, mit Wasser vermischt, den Grundstoff vieler Getränke. *Cacao* als besondere und vornehmlich den reichen Schichten vorbehaltene Köstlichkeit wurde mit Blütenaroma, Vanille, Honig, Achiote usw. verfeinert, wodurch er jeweils eine andere Farbe erhielt. Er wurde kalt in bemalten Schalen aus Baumkalebasse *(xicalli)* serviert. Zu den alkoholischen Getränken gehörten *Chicha* aus Mais, *Pulque (octli)* aus Agavensaft, *Tepache* aus Ananas, *Colonche* aus Kaktusfrüchten und destillierter Agavenschnaps *(eómetl)*.

Das einfache Volk nahm in der Regel zwei Mahlzeiten täglich zu sich. Zu den Grundnahrungsmitteln Mais, Bohnen und Kürbis kamen im Sommer die mit dem Mais wachsenden Blattgemüse und *Quelites*. Der Genuß von Fleisch war auf festliche Anlässe beschränkt. Den reichen Schichten stand hingegen auch im Alltag ein differenziertes Angebot an Speisen zur Verfügung.

Die koloniale Küche

Mit der Zerstörung der mexikanischen Hauptstadt Tenochtitlán durch die Spanier im Jahre 1521 begann für das Land eine 300 Jahre währende Kolonialzeit. Die spanische Eroberung führte durch Mord, Totschlag und eingeschleppte Epidemien zu einer drastischen Bevölkerungsdezimierung. Zählte man um 1520 noch 15 bis 20 Millionen Einwohner, so waren es Ende des 16. Jahrhunderts noch 750.000. Hinzu kamen die großen Hungersnöte unter der indianischen Bevölkerung. Die Spanier beanspruchten die besten Böden für sich, vor allem um Weizen anzubauen oder Viehzucht zu treiben. Sie verdrängten die Indianer von den ertragreichsten Feldern, der Maisanbau ging quantitativ und qualitativ zurück. Zudem zerstörten sie die indianischen Bewässerungssysteme fast vollständig – nicht nur durch Vernichtung der Anlagen, sondern auch durch die Zwangsrekrutierung der Bauern zur Arbeit auf den neuen spanischen Besitzungen und in den Minen.

Erst im 17. und 18. Jahrhundert verbesserte sich die Situation der Bevölkerung langsam. Die Kolonialmacht ließ neue, künstlich bewässerte Anbauflächen schaffen. Bekannt dafür ist die Region des Bajío, in den heutigen Bundesstaaten

Guanajuato, Hidalgo, Querétaro gelegen, welche die Lebensmittelversorgung der nördlich angrenzenden Minengebiete Guanajuato, San Luís Potosí, Zacatecas etc. sicherstellen sollte. Die neuen kolonialen Wasser- und Landrechte verschafften den Spaniern eine ausreichende landwirtschaftliche Produktion, um außer den nationalen auch die internationalen Märkte beliefern zu können. Die indianische Bevölkerung indessen kam entweder bei der Inbesitznahme ihrer Felder um oder wurde gezwungen, sich den neuen Eigentümern – unter anderem der Kirche – völlig auszuliefern, oder zog sich in weiter entfernte und unwirtlichere Regionen zurück, um der Bedrohung durch die Kolonialmacht auszuweichen. Das zentrale Hochland Mexikos blieb auch in der Kolonialzeit das dichtbesiedeltste Gebiet, wo sich der großflächig betriebene Ackerbau konzentrierte. Die nördlichen, weniger bevölkerten Landesteile im Gebiet der heutigen US-amerikanischen Grenze hingegen wurden vor allem für die Viehzucht genutzt. Mexiko wurde somit durch die Kolonisierung politisch und ökonomisch vollkommen neu organisiert.

Schweine, Rinder und *Cock´s Tail*

Die indianische Kultur hatte sich mit wenigen Ausnahmen der europäischen unterzuordnen und wurde von ihr zerstört. Bei der Zubereitung von Speisen jedoch ergänzten die neuen spanischen Produkte die mexikanischen, eine koloniale mexikanische Küche entstand. Die Spanier führten die Tierhaltung in großem Stil ein, indem sie Schweine, Rinder, Schafe, Ziegen, Hühner, Pferde und Esel mit in die Neue Welt brachten. Die mexikanische Küche lernte nicht nur neue Fleischsorten kennen, sondern auch Produkte wie Milch, Käse und Eier, nicht zu vergessen Schweineschmalz als wichtigstes Bratfett. Darüber hinaus lieferten die eingeführten Tiere neue textile Fasern und führten als Zug- und Lasttiere zu tiefgreifenden Veränderungen in Landwirtschaft und Transportwesen.

Waren auch die neuen Produkte vorerst der Kolonialmacht vorbehalten, so kam es doch bald infolge der ethnischen Vermischung, der Heirat von Spaniern und Indianern, auch zu einer Vermischung von Rezepten und Geschmacksrichtungen. Nicht zuletzt durch indianische Köchinnen in spanischen Haushalten drangen bestimmte einheimische Nahrungsmittel und Zubereitungsweisen in spanische Küchen ein, auch wenn europäischer Hochmut die indianische Küche insgesamt als minderwertig betrachtete.

Traditionelle, indianische Rezepte wurden verbessert und erweitert: Durch den Zusatz von Schmalz wurden *Tamales* weicher und lockerer; Tortillas kamen nach dem Backen auf der Tonplatte *(Comal)* in heißes Fett und wurden so knusprig, gut geeignet für eine Fülle von *Antojitos;* Bohnen wurden nicht mehr, nur in Wasser gekocht, aus dem Topf *(de la Olla)* serviert, sondern auch in Schmalz angebraten und zerstampft *(refritos).* Statt Wild wurde vor allem Ziegenfleisch in der alten *Barbacoa*-Technik zubereitet. Die Verbreitung von Milch war durch ihre geringe Haltbarkeit schwieriger; sie erlangte in Form der besonders in den Klöstern entwickelten Süßspeisen rasch Bedeutung. Trinkschokolade wurde bald statt mit Wasser mit Milch zubereitet.

Größere Veränderungen löste die Einführung des Zuckerrohrs aus. Vor dem heute handelsüblichen kristallisierten weißen Zucker kam zunächst der braune, aus dem weniger schädlichen Saft des Zuckerrohrs in Kegelform gepreßte und als *Piloncillo* oder *Panocha* bekannte Rohzucker auf den Markt. Für traditionelle Süßspeisen aus Kürbis, *Chilacayote* oder *Tejocote* ist *Piloncillo* auch heute noch unersetzlich. Aus Zuckerrohr wurde nicht nur Rum hergestellt, sondern auch die vielen regionalen Schnäpse wie *Charanda, Comiteco* und *Chinguera,* die entweder pur oder mit Fruchtsäften vermischt getrunken werden. Auf diese Weise entstand der berühmte mexikanische Cocktail. Der Begriff »Cocktail« stammt von englischen Seeleuten, die im Hafen von Campeche an der Golfküste die dort üblichen alkoholischen Mixgetränke *(Campechanas)* bestellten. Um einen möglichen metallischen Geschmack zu vermeiden, rührte man die Getränke mit Holzlöffeln oder -stäbchen um und benutzte dazu unter anderem die Wurzeln einer *Cola de Gallo* (Hahnenschwanz) genannten Pflanze – im englischen *Cock's Tail.* Zum Schutz der Produzenten in Spanien war der Anbau von Wein und Oliven in Mexiko untersagt.

Alte Welt und neue Küche

Die Einführung von Weizen hat Mais als Grundnahrungsmittel nicht verdrängen können, er stellte vielmehr eine willkommene Ergänzung dar. Weizentortillas fanden besonders in den nördlichen Bundesstaaten ihre Anhänger. Die verschiedenen Brötchen – *Bolillo, Telera, Birote* – und vor allem die süßen Brote und Kuchen *(Pan dulce)* waren bald im ganzen Land beliebt. In den großen Bäckereien wird bis heute eine reiche Auswahl an Formen und Geschmacksrichtungen angeboten, gewürzt mit Zimt, Anis, Kokos, Rosinen, Sesam und kandierten Früchten. Die spanischen Händler brachten auch Reis aus China nach Mexiko. Er wurde überall schnell akzeptiert als Vorspeise *(Sopa seca),* Beilage *(Arroz a la Mexicana),* Nachtisch *(Arroz con Leche)* oder Getränk *(Horchata).*

Das Zusammentreffen der verschiedenen Eßkulturen führte zu einem fruchtbaren und dauerhaften Austausch der Kenntnisse und zu permanenten Neuschöpfungen. Spanische Gewürzsucher brachten so den Chili nach Europa, aus dem Paprika gezüchtet wurde. Andererseits verfeinerten Pfeffer, Zimt, Oregano, Koriander, Petersilie, Knoblauch und Zwiebel die mexikanischen Saucen.

Während im 16. Jahrhundert vor allem Früchte, Gewürze und einige Gemüse aus der Neuen in die Alte Welt gelangten, verbreiteten sich im 17. Jahrhundert auch Mais und Kartoffeln in einigen Ländern Europas. Die Kartoffel war von den Spaniern aus dem südamerikanischen Andengebiet zunächst nach Mexiko gebracht worden und von hier aus nach Europa. Zur gleichen Zeit kam auch der Truthahn nach Europa und nahm einen festen Platz auf dem Speisezettel ein. Während unsere Gartenbohne ursprünglich aus Mexiko stammt, gelangten andere Hülsenfrüchte wie Linsen, Kichererbsen und Pferdebohnen erst durch die Kolonisierung nach Amerika. Das gleiche gilt für Kohl, Kopfsalat, Mohrrüben, rote Bete und andere Gemüse. Auch sämtliche Zitrusfrüchte, Apfel, Birne, Aprikose, Pfirsich, Quitte, Melone und Mango wurden von den Spaniern in Mexiko eingeführt und schnell heimisch.

Dank der neu eingeführten Zutaten entstanden neue Gerichte. Kürbisblüten *(Flor de Calabaza)* zum Beispiel wurden in Mehl sowie Ei gewendet und in Fett gebraten, Hühner in *Mixiote* gewickelt und mit Tomaten und Zwiebeln gedünstet. Besonders erfinderisch waren die spanischen Nonnen, auf deren Kochleidenschaft nicht nur zahlreiche Süßspeisen wie Kompotte, *Ates,* kandierte Früchte, *Cajeta, Dulce de Leche,* Eierlikör oder *Buñuelos* zurückgehen, sondern auch der berühmte *Mole Poblano.* Diese auf verschiedenen Chili-Arten basierende Sauce wurde durch den Zusatz von Schokolade, Erdnüssen, Sesam, Zimt und anderen Gewürzen milder, also auch für nicht an Chili gewöhnte Gaumen zu einem Genuß. So gehörten zu den mexikanischen Nationalgerichten des 18. Jahrhunderts, dem Höhepunkt kolonialer Macht, rote, grüne und mit *Pipián* hergestellte *Moles, Tamales, Atoles* sowie mit Pfeffer gewürzte Gerichte.

Die Küche des unabhängigen Mexiko

1821 befreite sich Mexiko von der spanischen Kolonialherrschaft, die Unabhängigkeit wurde ausgerufen. Das Land war nun offen für die ökonomischen und politischen Interessen auch anderer Länder, die inzwischen zu weltpolitischer Macht gelangt waren. Die Geschichte Mexikos im 19. Jahrhunderts ist bestimmt von inneren Machtkämpfen wie militärischen Auseinandersetzungen mit den USA und Frankreich, die ihre Wirtschaftsinteressen bedroht sahen. Aber auch in

England und, in geringem Maße, Deutschland hatten viele Kapital in die mexikanische Landwirtschaft, die Förderung der Bodenschätze und das Transportwesen investiert.
Mitte des 19. Jahrhunderts verlor Mexiko mehr als die Hälfte seines damaligen Territoriums an die USA: die heutigen Bundesstaaten Arizona, Kalifornien, Colorado, Nevada, Neu-Mexiko und Texas. In Sorge um die Sicherheit der ausländischen Investitionen, die durch die Reformgesetze des Präsidenten Beníto Júarez und durch die folgenden Bürgerkriege bedroht zu sein schienen, setzte der französische Kaiser Napoleon III. nach militärischen Erfolgen in Mexiko 1864 Maximilian von Habsburg als Kaiser von Mexiko ein. Die Mexikaner erkannten ihn jedoch lediglich als Erzherzog an und ließen ihn schon drei Jahre später, nach weiteren militärischen Auseinandersetzungen, hinrichten.

Diese kurze Phase stellte jedoch einen Höhepunkt für die mexikanische Oberschicht dar, die sich nach der Unabhängigkeit von der spanischen Kultur löste und eher an der französischen orientierte. Dies drückte sich unter anderem in der Zusammensetzung und Bezeichnung ihrer Menüs nach französischem Vorbild aus. Auch stieg die Nachfrage nach Wein; obgleich aber der Weinanbau keinen kolonialen Beschränkungen mehr unterlag und in Aguascalientes schon die ersten Reben sprossen, zog die Oberschicht es vor, weiterhin europäische Weine zu importieren. Obwohl sein Anbau mittlerweile forciert wurde, ist Wein auch heute noch kein Getränk des Volkes; er wird weitgehend von einer europäisch orientierten Käuferschicht genossen.

Chinesische Cafés und deutsches Bier

Auf die Franzosen geht auch die Gründung zahlreicher, zum Teil heute noch bestehender Konditoreien zurück. Die Nachfahren der Spanier kümmerten sich hingegen um die Modernisierung der Bäckereien und der Tortilla-Herstellung durch besondere Mühlen. Der englische Einfluß war, abgesehen vom Minen- und Transportsektor, nur gering; im kulinarischen Bereich ist ihnen die Einführung des Schwarztees zu verdanken, der aber bis heute ein Stiefkind unter den Getränken geblieben ist. Deutsche Einwanderer legten im letzten Drittel des 19. Jahrhunderts in Südmexiko, besonders in Chiapas, große Kaffeeplantagen an, doch sein Genuß wurde vor allem durch die Zubereitung in den *Cafés de Chino,* den chinesischen Cafés, populär. Chinesische Einwanderer waren über San Francisco nach Mexiko gekommen und gründeten neben Wäschereien im Norden des Landes vor allem Restaurants, in denen sie stark konzentrierten Kaffee mit Milch in dicken, hohen Gläsern servierten, zusammen mit selbst hergestellten Biskuits und anderem Gebäck.

Während der knapp vierzig Jahre dauernden Diktatur unter Porfirio Díaz, die mit dem Ausbruch der mexikanischen Revolution 1910 endete, kam es zu einer erneuten großzügigen Öffnung des Landes für ausländisches Kapital. Die USA waren, dicht gefolgt von England, die größten Investoren. Auf die massive Einwanderung von US-Bürgern in jener Zeit geht die Entstehung von Bars zurück, sogenannten *Salones,* mit einem großen Angebot an Mixgetränken. Ihre gediegene Einrichtung stand in starkem Kontrast zu den einfachen *Cantinas,* in denen die mexikanische Bevölkerung *Pulque* und andere einheimische Getränke zu sich nahm. Heute verkaufen die *Cantinas* vor allem Bier, das auf deutsche Tradition zurückgeht und dessen Qualität unter mexikanischer Regie internationale Anerkennung gefunden hat.

Die vielfältigen Einflüsse auf die mexikanische Kochkunst und das Bewußtsein nationaler Unabhängigkeit führten im 19. Jahrhundert zur Veröffentlichung zahlreicher mexikanischer Rezeptbücher. Von diesen Veränderungen unberührt blieb jedoch die Ernährungsweise der überwiegenden Mehrheit der Bevölkerung, die zum Teil unter menschenunwürdigen Bedingungen auf den großen Plantagen Sklavenarbeit leisten mußte. Vor Ausbruch der mexikanischen Revolution waren 96 Prozent des Bodens in den Händen von nur einem Prozent der Bevölkerung, während rund 97 Prozent kein eigenes Land besaßen. Landwirtschaftliche Produkte wie Holz, Zucker, Sisal, Kaffee, Tabak, Leder und Farbstoffe stellten 92 Prozent der Exporte.

An der Landproblematik entzündete sich schließlich 1910 die mexikanische Revolution, die zehn Jahre dauern sollte. Trotz der folgenden Verfassungsänderung in bezug auf die Landrechte kam eine Neuverteilung des Bodens erst Ende der dreißiger Jahre in Gang. Und doch ist es bis heute zu keiner quantitativ oder qualitativ gerechten Verteilung gekommen, privater Großgrundbesitz besteht auch heute noch. Die landlosen Bauern bzw. diejenigen, die nicht von ihrem Land leben können, sind gezwungen, sich als Tagelöhner zu verdingen. Seit dem Zweiten Weltkrieg ziehen sie in immer größerem Maße saisonal oder sogar endgültig in die USA, um auf den großen Farmen in den Südstaaten als billige Arbeitskräfte ihren Lebensunterhalt zu verdienen. Dieser direkte Kontakt mit der US-amerikanischen Kultur und die hohen Beteiligungen von US-Kapital besonders an der weiterverarbeitenden Nahrungsmittelindustrie Mexikos haben zu einer neuen Welle ausländischen Einflusses auf die einheimische Ernährungsweise geführt. Nahrungsmittel in Konserven und industriell hergestelltes Brot ohne jeglichen Nährwert finden immer weitere Verbreitung.

Mexican Fast Food

Umgekehrt ist aber auch die US-amerikanische Ernährungsweise durch die mexikanischen Emigranten verändert worden. Die bis ins letzte Jahrhundert zu Mexiko gehörenden US-Bundesstaaten haben in diesem Jahrhundert wiederum einen verstärkten Zuzug von Mexikanern erlebt. Zu der bestehenden Eßtradition traten immer wieder neue mexikanische Elemente hinzu. Begriffe wie Tex-Mex-Essen oder *Mexican Fast Food* fanden Verbreitung; gemeint sind damit hauptsächlich Speisen, die unter Verwendung industriell hergestellter Zutaten wie Chilisaucen, Tomatensaft, *Taco-Shells,* Tortilla-Chips, Pasten und Mischungen für *Moles* und *Tamales,* Weizentortillas etc. hergestellt werden. Hinzu kommen außerdem in Mexiko weniger übliche Zusätze wie Butter, Speck und Mayonnaise. Das in deutschen Restaurants angebotene Gericht *Chili con Carne* ist ein typisches Gericht der Tex-Mex-Küche und in Mexiko höchstens mit *Frijoles Charros* vergleichbar.

Der US-amerikanische Einfluß auf die mexikanischen Eßgewohnheiten hat sich in der Einführung von *Refrescos* (industriell hergestellten Erfrischungsgetränken) bemerkbar gemacht, im Angebot von Salaten auf den Speisekarten der Restaurants, in der Herstellung von Kuchen mit mehreren »Stockwerken«, vor allem aber in abgepackten Fertigprodukten: Toastbrot, *Frijoles refritos* in Pulverform, Pulverkaffee, Milchpulver, Geschmacks- und Farbpulver für *Gelatinas* und *Aguas frescas,* Saucen in Flaschen, Ketchup, Backmischungen für *Hot Cakes* und Kuchen, verschiedene Konserven und vieles mehr.

Auf dem Land setzten sich diese Neuerungen nur langsam und in geringem Maße durch. Doch auch in den entlegensten Dörfern trifft man heute auf Zeugen der Wegwerfgesellschaft, auf Reklameschilder der weltweit bekannten »Erfrischungsgetränke«. Mais bildet weiterhin die Grundlage für etwa die Hälfte der in Mexiko konsumierten Lebensmittel. Sein Anteil am täglichen Nahrungsmittelverbrauch steht im umgekehrt proportionalen Verhältnis zum Familieneinkommen: So verzehren die unteren Einkommensgruppen doppelt soviel Mais und 50 Prozent mehr Bohnen als die Empfänger mittlerer und hoher Einkommen, aber nur halb soviel Gemüse, Obst und tierische Produkte. Mais und Bohnen sind die Grundnahrungsmittel, zur Abwechslung wird zusätzlich auf Chili, Tomaten, Zwiebeln und bestimmte Blattgemüse wie *Quelites, Verdolagas* oder *Romeritos* zurückgegriffen, die von den jeweiligen klimatischen Bedingungen, der Bodenbeschaffenheit und der Jahreszeit abhängig sind.

Als Bratfett wird in den Dörfern vornehmlich Schweineschmalz verwendet, das mehr und mehr von Speiseölen verdrängt wird, die aus Sonnenblumenkernen, Färberdisteln oder Mais hergestellt werden. Der Konsum von Milch und Fleisch stellt für die Mehrheit der Bevölkerung auch heute noch einen Luxus dar. Eier hingegen sind dank der Großproduktion in Hühnerfarmen inzwischen als zusätzliches Nahrungsmittel und Schnellgericht weit verbreitet. Fische und andere Meerestiere werden frisch oder getrocknet verkauft. Trotz der reichen mexikanischen Fischgründe werden sie jedoch außerhalb der Fanggebiete relativ wenig konsumiert. Die Früchte und Gemüse der Großplantagen, die Fleischproduktion der Rinderfarmen in den nördlichen Bundesstaaten und die Fänge des gut organisierten und mit entsprechenden Mitteln ausgestatteten Fischereiwesens gehen vornehmlich in den Export, also in die USA.

Der Verkauf fertiger Speisen

Viele Mexikaner aller Bevölkerungsschichten verbringen die meiste Zeit des Tages außerhalb ihres Hauses. Deshalb ist es in größerem Maße als in Europa üblich, auch außerhalb zu essen. Für jeden Geldbeutel finden sich Möglichkeiten: von improvisierten Verkaufstischen in Hauseingängen über Verkaufsstände auf dem Markt und in *Fondas* bis hin zu feinsten Restaurants. Seit vorspanischer Zeit sind Märkte – sowohl die täglichen, in Hallen untergebrachten als auch die Wochenmärkte auf der Straße – eine feste Institution, die bis heute Bestand hat. Auf jedem Markt werden warme Gerichte angeboten, die nach den regional üblichen Rezepten zubereitet sind.

Täglich wechselnde Mittagsmenüs zu günstigen Preisen sind als *Comida Corrida* in kleinen Restaurants und *Fondas* erhältlich. Hier oder in dafür besonders eingerichteten Garküchen kann man auch Essen zum Mitnehmen kaufen. Während die nach europäischen Rezepten zubereiteten

Speisen häufig mit Weißbrot serviert werden, gehört zur traditionellen Küche ein Stapel heißer Tortillas. Werden sie nicht zusammen mit dem Essen gereicht, besorgt man sie sich in der *Tortillería* direkt von der *Tortilladora,* dem Tortilla-Fließband, oder von einer Marktfrau, die sie noch von Hand herstellt und auf dem *Comal* bäckt. Handgemachte Tortillas genießen inzwischen auch bei städtischen Feinschmeckern wieder hohes Ansehen.

Häppchen für *Antojo*

Während in den Lokalen und Restaurants auf den Märkten ganze Menüs verkauft werden, beschränken sich viele Verkaufsstände auf einzelne Spezialitäten. An Straßenständen werden auf Holzkohlefeuern *Antojitos* frisch zubereitet und, dem Wunsch des Kunden entsprechend, unterschiedlich gefüllt und belegt. *Antojitos* basieren immer auf Mais und sind meist eine Abwandlung der Tortilla: gefüllte, zusammengerollte und möglicherweise in Fett gebackene Tacos; getrocknete, in Fett gebackene und mit kalten Zutaten belegte *Tostadas;* gefüllte, zusammengeklappte und gelegentlich in Fett gebackene *Quesadillas;* in Chilisauce getauchte und in Fett gebackene *Enchiladas; Gordas, Huaraches, Tlacoyos,* dickere Tortillas unterschiedlicher Größe, die zum Teil vor dem Backen in der Teigmitte gefüllt werden. An solchen Straßenständen sind auch *Pozole, Tamales, Atoles und Elotes* erhältlich.

Viele Gerichte sind so aufwendig, daß sie nicht täglich zubereitet werden können; sie werden daher gerne fertig gekauft. Vor allem aber stillen die *Antojitos* den *Antojo,* den Appetit zwischen den Hauptmahlzeiten. An Straßenständen, unseren Würstchenbuden vergleichbar, erhält man Tacos, *Tortas* (belegte Brötchen) und Importartikel wie Hot Dogs, *Hamburguesas* und *Hot Cakes.*

Mixgetränke – mal scharf, mal süß

Die Mexikaner sind Spezialisten in der Herstellung von *Nieves* (Schnee), Wassereis, das dank des reichhaltigen Angebots an frischen Früchten – selbst Mais und Avocado werden zu Eis verarbeitet – überaus variantenreich sein kann. Der Bundesstaat Michoacán ist für seine *Nieves* besonders bekannt. Im Unterschied zu ihnen werden *Helados* mit Milch hergestellt. *Raspados* sind in Bechern angebotenes, von einem großen Block frisch geraspeltes Eis, über das ein Fruchtsirup gegossen wird. An anderen Ständen werden *Aguas frescas* angeboten, frische Fruchtwasser, die aus eisgekühltem Wasser, zerkleinertem Fruchtfleisch und Zucker bestehen. Die Beliebtheitsskala führen *Agua de Horchata* aus Reis, *de Jamaica* aus Hibiskus und *de Tamarindo* aus Tamarinde an, die zu jeder Jahreszeit getrunken werden.

Ebenfalls an Straßenständen oder in spezialisierten Lokalen werden einzelne oder mehrere Früchte oder Gemüse zu *Jugos* frisch gepreßt. *Liquados* hingegen sind mit Wasser oder Milch gemixte Fruchtsäfte, vor allem aus jenen Früchten, die nicht über genügend eigenen Saft verfügen, um pur getrunken zu werden. Oft reichert man sie mit rohen Eiern, Nüssen, geriebener Kokosnuß oder Haferflocken an.

Frisch zubereitet werden auch die zahlreichen Frucht- und Gemüsecocktails aus Ananas, Apfel, Mango, Papaya, Wassermelone oder Gurke und *Jícama.* Je nach Wunsch werden sie in Bechern oder Plastiktüten serviert und mit Salz, Limone und Chili bestreut. Mitunter trifft man auf kleine Stände, oft nur ein Tablett auf einem Holzbock, die mit Süßigkeiten aus Früchten, Zucker und Milch locken: *Ates, Cocadas, Cajetas, Dulces de Leche, Alegría* und ähnlichem. Vor Allerheiligen wird die ganze Palette gezuckerter *Calaveras* (Totenschädel) und *Calacas* (Skelette) angeboten, die man gerne Freunden, Verwandten und Bekannten schenkt. Besonders morgens werden an kleinen Ständen *Gelatinas* offeriert, auf Wunsch mit einem Schuß Eierlikör.

Fliegende Händler ziehen mit ihrem kleinen Wagen durch die Straßen, auf dem ein Ofen montiert ist. Sie sind leicht auszumachen, denn schon von weitem ist der Pfeifton zu hören, der beim Ablassen des überschüssigen Dampfes entsteht.

Sie verkaufen gebackene Kochbananen und Süßkartoffeln, die mit Sahne, Kondensmilch und Marmelade gegessen werden.

Fast alle Leckereien werden dem Reisenden in Bahn- und Busbahnhöfen von ambulanten Händlern angeboten, nicht selten Kindern.

Eßgewohnheiten

Sowohl der Zubereitung als auch dem Verzehr der vielfältigen Gerichte wird im allgemeinen großer Wert beigemessen, also viel Zeit gewidmet. Um so erstaunlicher ist es, daß viele Mexikaner, die in der Stadt leben, morgens ohne Frühstück aus dem Hause gehen. Um eine reichhaltige, warme Mahlzeit mit Eiern, Bohnen und Tortillas zu sich zu nehmen, wie es für diese Tageszeit üblich ist, reicht die Zeit oft nicht aus. So essen sie bis zum *Almuerzo* zwischen elf und zwölf Uhr nichts oder überbrücken gar die Zeit bis zur *Comida* mit einem *Antojito.* Die *Comida,* das Mittagessen, wird ab 14 Uhr eingenommen, aber auch noch vier Stunden später, je nach Arbeitszeit. Es besteht aus einer *Sopa aguada* oder *Sopa seca,* einer Suppe oder Reis beziehungsweise Teigwaren, dem *Guisado,* dem Hauptgericht, sowie eventuell einem *Postre,* einem Nachtisch, oder Obst und Kaffee. Ab 19 Uhr stehen zwei Mahlzeiten zur Auswahl: die *Merienda,* bestehend aus einem heißen Getränk – Kaffee, Tee, Schokolade oder Milch – und verschiedenen *Panes dulces,* oder die *Cena,* ein warmes Abendessen, der *Comida* vergleichbar.

Anders als in der Stadt sind auf dem Land der *Almuerzo* um elf Uhr und die Comida gegen 16 Uhr die üblichen Mahlzeiten; oder aber der *Desayuno,* das Frühstück mit einem heißen Getränk und Brot, die *Comida* und die *Cena* beziehungsweise die *Merienda.* In ihrer Zusammensetzung unterscheiden sich auf dem Land *Almuerzo, Comida* und *Cena* allerdings grundsätzlich nicht. Immer handelt es sich um eine warme Mahlzeit auf der Grundlage von Mais, Bohnen und Chili. *Tamales* und *Atoles* werden gelegentlich morgens oder abends gegessen, oft stellen sie in Zusammenhang mit einem Festessen das Hauptgericht dar.

Hochzeitsschmaus und Königskränze

Anläßlich privater Feste wie Taufe, Kommunion, Namens- und Geburtstag werden auf dem Land zeitlich und finanziell aufwendigere Gerichte vorbereitet. Dazu gehören neben den schon genannten *Tamales* und *Atoles* zum Beispiel *Pozole, Birria, Barbacoa,* Huhn in Mole und *Buñuelos.* Eine Hochzeit wird meist mit der traditionellen *Mole* begangen (Huhn oder Truthahn in *Mole*), dazu *Sopa de Arroz,* Bohnen und Tortillas. Sämtliche Festessen können nicht von einer Kleinfamilie allein zubereitet werden, viele Verwandte, Nachbarinnen und Freundinnen werden um Hilfe gebeten. Findet das Festessen abends statt, ist ein Teil der Frauen zunächst damit beschäftigt, ein Mittagessen zu kochen, denn es versteht sich von selbst, daß die Helferinnen gut bewirtet werden müssen. Sie und ihre Ehemänner sind auch zum Festessen eingeladen.

Für die Landbevölkerung erhält das sonst monoton verlaufende Jahr durch die christlichen Feste besondere Akzente. Für viele dieser Feste werden spezielle Speisen zubereitet: Vor dem Fest der Heiligen Drei Könige am 6. Januar, *Los Reyes Magos,* sieht man in allen Bäckereien Königskränze ausgestellt. Die *Roscas de Reyes* beruhen auf einer europäischen Sitte des Mittelalters. Am Abend des Festtages versammelten sich die Familienangehörigen und Freunde um einen süßen Brotkranz, in den, als Symbol für den mit seinen Eltern nach Ägypten geflohenen Christus, eine dicke Bohne eingebacken war. In Mexiko wird die Bohne durch eine kleine Figur aus Porzellan oder Kunststoff ersetzt. Der Kranz wird in gleiche Teile geschnitten; wer in seinem Stück die Figur findet, muß sich einen Partner beziehungsweise eine Partnerin suchen, um gemeinsam am 2. Februar (Mariä Lichtmeß) ein Fest oder Essen für alle diejenigen auszurichten, die am Kranz mitgegessen haben.

In ländlichen Gebieten hält man an den Freitagen während der Fastenzeit und in der gesamten Osterwoche das Fleischverbot ein und greift verstärkt auf Fischgerichte, Gemüse und Reis zurück. So entstehen verschiedene *Tortas* aus Krabben, Chayote, Fisch und Reis; *Nopales,* Avocados und *Romeritos* werden gegessen, mit Käse gefüllte Chilis und *Capirotadas* gekocht.

Totenbrot und gebackene Götter

Todos Santos, Allerheiligen oder Allerseelen, ist in seiner Verbindung von Christentum und indianischem Glauben vielleicht das typischste der mexikanischen Feste. Bei den Mexica fiel der zwölfte Monat des Jahres in die Zeit unseres Oktober/November. Sie feierten die Ankunft der Götter und schmückten alle Altäre innerhalb und außerhalb der Häuser festlich. Heute ist es das Fest der Begegnung der Lebenden mit den Toten, die ihre Familienangehörigen zu Hause aufsuchen. Den Verstorbenen richtet man spezielle Tische her, Altären ähnlich, die mit Blumen und Kerzen geschmückt und einem reichhaltigen Angebot an Speisen und Getränken wie *Atole* oder *Champurrado* ausgestattet werden. In Zentralmexiko bietet man den Toten vor allem *Tamales, Moles* und eine Vielzahl an Süßigkeiten an. Typisch sind *Calabaza en Tacha, Alegría, Buñuelos,* Totenschädel mit aufgemalten Namen sowie Miniaturfrüchte aus Zucker und Marzipan. Am bekanntesten aber und überall erhältlich ist das *Pan de Muerto,* das Totenbrot. Und die Lebenden kommen zu den Toten: Die ganze Familie zieht gemeinsam auf den Friedhof, wo sie in einigen Landesteilen die Nacht verbringt. Am frisch geschmückten Grab werden mitgebrachte Speisen verzehrt und mit anderen Familien getauscht.

Zwischen dem 16. und 24. Dezember finden überall *Posadas* statt, volksnahe Weihnachtspiele. Auch sie haben eine nichtchristliche Vorgeschichte. Im Dezember feierten die Mexica alljährlich die Ankunft des Gottes Huitzilopochtli. Sie luden Gäste zum Essen ein und beschenkten sie mit figürlichen Darstellungen des Gottes aus

Amaranth-Teig *(tzoalli)*. Die spanischen Priester verstanden es auch hier, einheimische Sitten geschickt mit christlichen zu verbinden. Seit dem Jahr 1578 zelebrierten sie an den acht Tagen vor Heiligabend sogenannte Weihnachtsmessen, um Maria und Josef auf der Suche nach einer Herberge zu begleiten. Auf diesem Hintergrund sind die *Posadas* zu verstehen, die heute an einem dieser Tage von einzelnen Familien veranstaltet werden. Traditionell sind Maria und Josef die Gefeierten, anwesend als Heiligenfiguren oder als verkleidete Gläubige.

Hauptattraktion des Abends ist, neben Süßspeisen, Punsch und mitunter Musik und Tanz, die *Piñata*. Sie besteht aus einem großen, runden Tongefäß, das mit Früchten, Nüssen, Keksen und anderen Süßigkeiten gefüllt, mit buntem Papier umhüllt und angeklebten, kegelförmigen Spitzen verziert ist. Sie stellt den Weihnachtsstern dar und wird über den Köpfen der Anwesenden aufgehängt. Einige bekommen die Augen verbunden und einen Stock in die Hand, mit dem sie den Stern zu treffen beziehungsweise aufzuschlagen suchen. Ist dies unter viel Beifall der Umstehenden gelungen, stürzen sich alle auf den herausfallenden Inhalt. Mittlerweile sind *Piñatas* in allen erdenklichen Verkleidungen auch auf Kindergeburtstagen üblich geworden.

Die Einrichtung einer indianischen Küche

Die Küche hat für eine Indianerin eine ähnliche Bedeutung wie für uns das Wohnzimmer. Sie ist das äußere Zeichen ihres Wohlstandes, hier werden bei Regenwetter die Gäste empfangen. Die Grundausstattung bekommt eine Frau traditionell zur Hochzeit geschenkt, wobei einige Personen verpflichtet sind, bestimmte Küchengeräte zu schenken. Je mehr Leute zur Hochzeit eingeladen werden können, desto reichhaltiger wird die Küche ausgestattet sein.

Unentbehrlich ist die Feuerstelle, die meist aus drei oder vier feuerfesten Steinen besteht, auf denen die rundbödigen Tontöpfe leicht plaziert werden können. Solche offenen Feuerstellen eignen sich zum Kochen großer Mengen, zum Beispiel der alltäglichen Maisration. Jede Hausfrau baut sich ihren Herd selbst, aus Steinen, die mit Lehm verkleidet werden. Jeder Herd besitzt ein bis zwei Feuerstellen und mitunter eine gekachelte Fläche, auf welcher der *Metate* (Mahlstein) aufgestellt werden kann, ein weiterer unentbehrlicher Bestandteil der indianischen Küche. Er besteht aus vulkanischem Gestein und dient hauptsächlich dem Mahlen von Mais zur Herstellung von Tortillas. Aber auch sämtliche anderen Nahrungsmittel werden auf ihm gemahlen, wenn sie in größeren Mengen anfallen: Chili, Bohnen, Gewürze, Reis. »Der *Metate* ist unser Mixgerät«, versichern immer wieder die Indianerinnen.

Müssen kleinere Mengen gemahlen werden, wird der *Molcajete* zur Hand genommen. Auch er besteht aus vulkanischem Gestein, gelegentlich auch aus Ton. *Metate* oder *Molcajete* sind jedoch nicht gleich zum Gebrauch geeignet, dieser muß ihnen erst »beigebracht« werden, wie die Frauen sagen. Um dem Stein den richtigen Schliff zu geben und ein späteres Sichlösen von störenden Steinpartikeln zu vermeiden, mahlt man unter großem Kraftaufwand zuerst mehrmals harte Maiskörner auf ihm.

Kochen im Tongeschirr

In traditionellen Haushalten wird auch heute noch vornehmlich in Tongeschirr gekocht. Die Köchinnen sind davon überzeugt, daß in ihnen zubereitetes Essen wesentlich besser schmeckt. Und würden Metallkochtöpfe von der städtischen Unterschicht nicht als modern angesehen, sie fänden auch heute noch keinen Eingang in die traditionellen Küchen. So jedoch sind die Indianerinnen hin- und hergerissen zwischen den als rückständig angesehenen Tonwaren und den als fortschrittlich betrachteten Industrieprodukten. In der städtischen Mittelschicht beginnt man vereinzelt, Tontöpfe für Gasherde zu benutzen. Ihnen sind die Vorteile dieser Kochtöpfe bewußt: Die

Speisen haben Zeit, sich voll zu entfalten, und der Topf hält sie lange warm.

Die Indianerinnen benutzen je nach Speise unterschiedliche Tonwaren. Zum Backen von Tortillas brauchen sie den *Comal*, eine Tonplatte, auf der gelegentlich auch Beefsteaks oder Spiegeleier gebraten werden. Zum Kochen flüssiger Speisen – etwa Bohnen mit viel Wasser, Fleischbrühen, Gemüse, Tee oder Kaffee – werden rundbödige, hohe Tontöpfe verwendet, die durch ihre Form besonders strapazierfähig sind. In ihnen werden nur Speisen gekocht, die kein (Schweine-)Fett enthalten. Die Kochschüsseln hingegen dienen insbesondere dem Anbraten von Fleisch, vorher gekochtem Gemüse oder Saucen.

Tonwaren werden auch zum Essen verwendet. Die Speisen werden normalerweise in runden Schälchen serviert; nur wenn hoher Besuch kommt, wird einer der Industrieteller hervorgeholt, auf die man so stolz ist. Bei den Schälchen wird wiederum unterschieden, ob die Speisen Schweinefett enthalten oder nicht, nimmt das Schälchen doch den Geschmack des Fetts an. Wenn man bedenkt, daß mexikanische Familien recht groß sein können und daß mindestens zwei Dutzend Schälchen benötigt werden, so wird schnell begreiflich, daß die indianischen Küchen mit sehr vielen Tonwaren ausgestattet sein müssen. Hinzu kommen zahlreiche Tassen und Gläser. Mit Stolz reiht die Indianerin ihr Geschirr in der *Tinajera* auf, im Küchenregal, so daß Besucher sofort sehen, was sie zu bieten hat. Weiterhin braucht die Köchin hölzerne Löffel, die ebenso danach unterschieden werden, ob mit oder ohne Schweinefett gekocht wird, sowie einen *Molinillo,* einen Holzquirl zum Fertigen von heißer Schokolade.

Unentbehrlich in einer indianischen Küche sind auch die Körbe unterschiedlichster Größe und Form. In kleineren Körben werden die frischgebackenen Tortillas aufbewahrt, in größeren wird Mais vom Speicher geholt, in anderen eingekauft. Die Körbe haben eine vorgegebene Größe,

Tangan-
cícuaro/
Michoacán:
Markt.
Verkauf von
frischen
Maiskolben

Ciudad de
México: In
einem Hotel

Tangan-
cícuaro/
Michoacán:
Metzgerei

San Miguel de Allende/Guanajuato:
Stand für Fruchtgetränke

San Miguel de Allende/Guanajuato:
Stand für Fruchtsalate

Mérida/Yucatán: Stand mit Erfrischungen

dienen also zugleich als Maßeinheit. Gleichzeitig werden sie als grobes Sieb benutzt, etwa zum Waschen von *Nixtamal*, gekochtem Mais, für *Tamales*. Sollen Speisen aufbewahrt oder transportiert werden, bedeckt man sie oft mit einer *Servilleta*, einer buntbestickten, großen Serviette. Sie dient auch zum Einwickeln von Tortillas, um sie sauber und warm zu halten. Zum Kneten von Teigen oder zum Auslegen größerer Nahrungsmittelmengen werden Holzschalen benutzt, die oft eine beachtliche Größe erreichen können. Zum Braten größerer Fleischmengen, vor allem zur Herstellung von *Carnitas*, werden große Kupferkessel verwendet.

Reisegrill aus Nummernschildern

Gehen die Indianerinnen auf Reisen, vielleicht auf einen Fiestamarkt in einem anderen Dorf, so nehmen sie einen kleinen Grill mit, der in Mexiko zumeist aus alten Nummernschildern hergestellt wird. Zum Anfachen des Feuers benutzen sie einen Feuerfächer aus Binsengras. Aus dem gleichen Material besteht auch der *Petate*, die vielfach Verwendung findende Strohmatte, die in keinem Haushalt fehlen darf. In jeder Küche sind Holzbänke und Holzstühle zu finden, auf denen man sich zum Essen niederlassen kann, denn die Familien nehmen gewöhnlich ihre Mahlzeiten in der Küche ein.

Inzwischen finden vermehrt auch Industriegüter Eingang in die traditionelle Küche. Da sind die mit verschiedenen Motiven bedruckten Gläser, die man mit Wachs und Docht gefüllt kauft und zunächst als ewige Lichter vor die Heiligenfiguren stellt. Ist das Wachs aufgebracht, dienen sie als Trinkgläser. Da sind die industriell hergestellten Teller und Kochtöpfe. Wichtig ist die Maismühle, in der der *Nixtamal* gemahlen werden kann, sollte die motorbetriebene Maismühle des Dorfes einmal ausfallen. Selten fehlt auch eine Tortilla-Presse für diejenigen, die es nicht mehr gelernt haben, die Maisfladen mit den Händen herzustellen. Mexikaner, die für ein oder zwei Jahre in die USA gegangen sind, um dort Geld zu verdienen, bringen ihren Frauen gerne Mixer mit. Einige Familien können es sich leisten, einen Gasherd anzuschaffen – angesichts der zunehmenden Holzknappheit eine sinnvolle Investition. Seltener sind Kühlschränke; sie dienen dem Kühlen von Getränken, denn Speisereste gibt es in den großen Familien selten.

Die indianische Küche ist meist in einem getrennten Gebäude untergebracht. Oft ist es nur eine Holzhütte, doch die Ritzen zwischen den Brettern sorgen für eine gute Lüftung, ebenso wie das ziegelgedeckte Dach. Die Indianerinnen verwenden viel Zeit auf Ausstattung und Pflege ihrer Küche, so wie sie viel Zeit und Energie für das Kochen selbst aufwenden.

»Mexikanisch kochen« ist ein Kochbuch für den europäischen Benutzer. Die Rezepte wurden so ausgewählt, daß sie in unseren Breitengraden zu kochen sind; manche typisch mexikanischen Gerichte mußten deshalb unberücksichtigt bleiben. Mexikanisch zu kochen ist nicht schwer: Schon die Kombination mehrerer einfacher Gerichte kann zu einem reichgedeckten Tisch führen – hier sind der Phantasie keine Grenzen gesetzt, starre Regeln gibt es nicht.

Typische Zutaten

Achiote
Achiotl

Achiote, die Samen des Orleansstrauchs *(Bixa orellana)*, sind ein in ganz Amerika bekanntes Färbemittel, das ursprünglich aus Mexiko kommt. Ob der in tropischen Gegenden wachsende Orleansstrauch bewußt kultiviert wurde, ist nicht bekannt. Werden die Samen in Wasser gekocht, erhält man den gelben bis roten Farbstoff. Er eignet sich zum Färben von Textilien, Leder oder Wachs als auch von Speisen. Als Körperbemalung diente die Farbe der Abwehr von Insekten; sie soll zudem heilende Kräfte besitzen.

Agave
Maguey

Der in Mexiko und Mittelamerika gebräuchliche Name *Maguey* für die Pflanzenart Agave *(Agave atrovirens, Agave sisalana)* stammt, wie auch die Bezeichnung *Pulque* für eines ihrer vielen Produkte, von den Antillen und wurde von den Spaniern eingeführt. In der Vielseitigkeit ihrer Verwendung kann die Agave durchaus neben dem Mais bestehen. Alexander von Humboldt hielt sie sogar für die nützlichste Schöpfung des amerikanischen Kontinents. Aus ihr werden Speisen, Getränke, Fasern, Baumaterialien und vieles mehr gewonnen. Fast alle Agavenarten liefern Fasern und/oder süßen Pflanzensaft. Hinsichtlich Klima und Bodenbeschaffenheit sind sie äußerst anspruchslos. Sie werden oft rund um die Felder gepflanzt und bilden so einen wirksamen Schutz gegen Eindringlinge und Erosion. Nach acht bis zehn Jahren wächst aus ihrer Mitte ein drei bis sechs Meter hoher »Stamm«, an dessen Spitze sich gelbe Blüten bilden. Nach dem Blühen stirbt die Pflanze ab und ergibt in trockenem Zustand gutes Brennmaterial.

Neben der Fasergewinnung (Sisal, *Pita, Ixtle, Zapupe, Henequén)* aus den Blättern der Agave liegt ihre Hauptbedeutung in der Produktion eines süßen Pflanzensaftes, des *Aguamiel.* Der meistgenutzte Süßstoff der vorkolonialen Zeit enthält außer Zucker die Vitamine B, C, D und E. *Aguamiel* kann zu Honig, Essig oder *Pulque* weiterverarbeitet werden. *Pulque* ist eine Art vergorener, leicht alkoholhaltiger Most (4 bis 5 Prozent) und noch heute ein typisches Getränk des zentralen Hochlandes. Bei seiner Herstellung entsteht zudem eine Hefe, die zum Backen von Brot verwendet wird. Um *Aguamiel* zu gewinnen, schneidet man vor dem Emporschießen des Blütenstiels ein Loch in das Herz der Pflanze, in dem sich der für die Blüte bestimmte Saft sammelt und dreimal täglich von darauf spezialisierten Männern abgesaugt wird. Nach einem halben Jahr muß das Loch täglich neu angekratzt werden, damit weiterhin Saft austritt.

Die Schnäpse Tequila und Mezcal werden aus einem Saft destilliert, der durch Kochen und Auspressen des Strunkes *(Piña)* bestimmter Agavenarten gewonnen wird. Die Blüten und Früchte werden gekocht, gebraten oder in Chili eingelegt genossen. Aus dem Agavenstamm *(Quiote)*, Strunk und Blattansätzen werden durch Dampfgarung süße Fruchtschnitten hergestellt. Eine weitere aus der Agave gewonnene Spezialität sind die in ihr lebenden Maden, die geröstet, gemahlen oder in fertigen Mezcal eingelegt werden.

Die Blätter *(Pencas)* werden zum Einpacken des Fleischs beim *Barbacoa* benutzt. Ihre dünne Außenhaut dient zum Einwickeln der *Mixiote*-Gerichte und fand in vorkolonialer Zeit auch als Papier Verwendung, so wie die Dornen der Pflanze früher als Nadeln genutzt wurden. Die Agavenblätter als Material zum Decken des Daches und der Stamm als Stützbalken sind wichtige Elemente der herkömmlichen Hauskonstruktionen. Die Agave wird auch in der traditionellen Medizin erfolgreich eingesetzt; sie gilt als wirksam gegen giftige Stiche und als nieren- und harnwegreinigend.

Ananas
Piña

Die Ananas *(Ananas comosus)* lernte Christoph Columbus auf seiner zweiten Amerikareise kennen. Schon Ende des 16. Jahrhunderts wurde die Pflanze in China angebaut, heute ist sie in allen tropischen Breiten zu finden. Durch ihre Blätterform und -anordnung und durch die auf der Spitze sitzende Frucht ähnelt die Pflanze den Agaven.

Je nach Sorte variiert die Farbe des Fruchtfleisches von Gelbweiß bis Goldgelb – je kräftiger der Ton, desto süßer die Frucht. Ananas wird roh gegessen, als Kompott oder Marmelade zubereitet und zu Getränken wie *Tepache* oder *Agua fresca* verarbeitet. Neben ihrer erfrischenden hat die Frucht auch eine verdauungsfördernde Wirkung. Die Abfälle, die bei der Konservenproduktion entstehen, werden als Viehfutter verwendet.

Avocado
Aguacate

Die Avocado *(Persea americana)* ist eine in Mexiko heimische Frucht. Sie gedeiht in warmen bis gemäßigten Klimazonen nicht zu großer Feuchtigkeit. Der Avocadobaum wird bis zu zwölf Meter hoch und kann bis zu 500 Früchte im Jahr liefern. Viele mexikanische Familien haben in ihrem Garten einen Avocadobaum stehen, der sie einige Monate des Jahres mit seinen nahrhaften Früchten versorgt. Zunehmend werden Avocadobäume jedoch in großen Plantagen angebaut, lange Zeit galt dies als sinnvolles Entwicklungsprogramm. Die jahrelange Förderung des Anbaus hat jedoch zu einem Überangebot und damit zu einem Preisverfall geführt.

Avocados werden vor allem zur Herstellung von *Guacamole* verwendet, einer cremeartigen Sauce, die gerne als Vorspeise oder aber – in den ärmeren Bevölkerungsschichten – als Hauptmahlzeit eingenommen wird. Des weiteren finden sie in Suppen und Salaten Verwendung. Fruchtschalen und Blätter dienen zudem verschiedenen medizinischen Zwecken.

Banane
Plátano

Die Heimat der Bananenstaude *(Musa paradisiaca)* ist Südostasien. Aufgrund ihrer Beliebtheit, Transportunempfindlichkeit, Schädlingsresistenz und vielseitigen Verwendung – als Nahrungsmittel, zur Faserproduktion oder als Schmuckpflanze – ist die Banane zur weitestverbreiteten Frucht der tropischen Klimazone geworden. Sie wird heute auf riesigen Plantagen in Monokultur angebaut. Vielzitiertes Beispiel für die negativen Auswirkungen dieser Bewirtschaftungsart, die fast ausschließlich von ausländischen Konzernen betrieben wird, sind die »Bananenrepubliken« Mittelamerikas.

In Mexiko ist die Frucht inzwischen so tief verwurzelt, daß neue, wilde Formen entstanden sind. Die bekanntesten Sorten sind: der *Plátano Tabasco,* benannt nach einem für den Bananenanbau bekannten Bundesstaat und identisch mit der bei uns bekannten Banane; der *Plátano morado,* eine rötlich-violette Frucht, deren Fleisch dunkler ist; der *Plátano manzano* (Apfelbanane) mit seinen kleinen und süßen Früchten; der *Plátano dominico,* der noch kleiner und schmaler ist; und schließlich der *Plátano macho,* die längste und dickste der aufgezählten Sorten, eine Art Kochbanane. Die Schale der »männlichen Banane« ist häufig bereits schwarz, ohne daß aber die Qualität beeinträchtigt wird. Sie wird nur gekocht, gebraten oder gebacken verzehrt, während die übrigen Sorten roh gegessen oder in Mixgetränken getrunken werden.

Die großen, zarten und eleganten Bananenblätter dienen in Oaxaca zum Einwickeln bestimmter Speisen, zum Beispiel der Tamales, oder als Unterlage.

Bohnen
Frijoles

Bohnen sind in der mexikanischen Küche so unentbehrlich wie Mais. Sie gehören zu fast jeder Mahlzeit: in Wasser gekocht oder zerstampft und in Fett angebraten. Die meisten Bohnensorten sind in Mexiko selber heimisch. Wie Mais, so können auch Bohnen in fast allen Klimazonen bis 3.000 Meter Höhe angepflanzt werden. Angebaut werden vor allem Trockenbohnen *(Frijoles)*, weniger die bei uns üblichen grünen Gemüsebohnen *(Ejotes)*. Ausgesät werden sie zu Beginn der Regenzeit, also im Mai/Juni, zusammen mit dem Mais. Mit der Zeit verdrängen ihre Blätter unliebsames Unkraut und schützen so die Maispflanze. Der Maisstengel dient der Bohne wiederum als Kletterstange. Einen Monat vor der Maisernte werden die Bohnen gepflückt, gesäubert und trocken eingelagert.

Wie viele heimische Produkte existiert die Bohne in zahlreichen Sorten und Arten, die nach Farbe, Größe und geschmacklicher Qualität unterschieden werden. Allgemein gebräuchlich sind die *Frijoles pintos*, die gefleckten Bohnen. An der Küste findet man häufig die schwarzen *Frijoles negros*, im Südosten die weißen *Frijoles blancos*. Auch die bei uns als Kidney-Bohnen bekannten *Frijoles rojos* werden verarbeitet. Starre Regeln, welche Sorten für welche Speisen bevorzugt werden, gibt es nicht.

Die Bezeichnung *Frijol* stammt aus dem Italienischen, wo das neue Gemüse *fiesole* genannt wurde. Im Spanischen bezeichnete man das mexikanische Gemüse mit *Judías*. Das ursprüngliche mexikanische Wort *ayocotl* fand im französischen *haricots* seinen Niederschlag.

Chayote
Chayote

Die Chayote *(Sechium edule)* gehört zur Familie der Kürbisfrüchte. Die ursprünglich mexikanische Pflanze ist ein Schlinggewächs, das sich an Büschen und niedrigen Bäumen emporrankt. Die Frucht hat die Form einer großen, grünen Birne und ist mit einer stacheligen oder fast glatten Schale versehen. Das Fruchtfleisch ist grünlichweiß und von zartem Geschmack. Chayoten sind Bestandteil von Fleisch- und Gemüsebrühen, werden aber auch in Salzwasser gekocht und mit anderen Zutaten auf verschiedene Weise zubereitet. Die Wurzeln der Pflanze gelten als Delikatesse und werden als Gemüse gegessen.

Chili
Chile

Im übrigen Lateinamerika heißt der Chili *Ají* – ein Begriff der karibischen Sprache, in der die Spanier ihn kennenlernten. Chili wird fälschlicherweise häufig als Pfeffersorte bezeichnet. Dem liegt der gleiche Irrtum zugrunde, der auch zu der Bezeichnung »Indianer« führte. Als die »Entdecker«, auf der Suche nach einem kürzeren Seeweg nach Indien, auf die Neue Welt stießen, hielten sie die Bevölkerung für »Inder« und die scharfen Chilis für die gesuchten Pfefferfrüchte. Botanisch gesehen, gehört der Chili *(Capsicum annuum)* jedoch, wie Tomate und Kartoffel, zur Familie der Nachtschattengewächse. Im südlichen Zentralmexiko wird er seit 8.000 Jahren angebaut und zählt zu den ältesten in Mexiko beheimateten Kulturpflanzen.

Der Chili hat einen hohen Nährwert und ist reich an den Vitaminen A und C. Bei mäßiger Anwendung wirkt er stimulierend auf die Verdauung, bekämpft Darmbakterien und regt den Kreislauf an. In seinen etwa 40 Arten ist er das in Mexiko am häufigsten gebrauchte Gewürz und wird als das schärfste der Erde bezeichnet, wenn auch nicht alle Arten scharf sein müssen. Nach seiner Entdeckung hat der Chili in Asien großen Anklang gefunden: zum Beispiel als Bestandteil des Sambal Olek. Seine Schärfe sitzt vor allem in den Samen und Samensträngen, den »Venen«, die deshalb in vielen Fällen vor dem Gebrauch entfernt werden.

Chili wird sowohl in frischer (grün oder gelblich-weiß) als auch getrockneter Form (rot bis schwarz) verwendet und auf vielfache Weise zubereitet: gehackt, gemahlen, püriert, gekocht, geröstet, gefüllt und eingelegt.

Zu den frischen Chilis gehören:

► *Chile verde serrano:* mit einer kleinen, länglichen grünen Schote. Er ist scharf und wird, in kleine Stückchen geschnitten, frischen Saucen und Reis beigegeben.

► *Chile poblano:* paprikaähnlich, grün und nach Entfernung der Samen und »Venen« wie auch der äußeren Haut mild. Er wird gefüllt oder in Streifen geschnitten *(Rajas).*

- *Chile güero:* klein, kegelförmig, gelblich-weiß und mild. Er wird gekocht, püriert oder eingelegt.
- *Chile jalapeño:* kegelförmig, grün und scharf. Ganz oder in Streifen geschnitten, wird er meist eingelegt. Er ist in Europa in Dosen erhältlich.

Zu den getrockneten Chilis zählen:

- *Chile ancho:* ein dunkelroter, getrockneter *Chile poblano.* Er wird vor allem für die *Moles* verwendet, gilt als geschmackvoll mild, doch von kräftiger Farbe. Er kann auch gefüllt werden.
- *Chile ancho negro,* auch *Chile mulato:* ein grüner, getrockneter *Chile poblano,* geschmackvoll mild.
- *Chile guajillo,* auch *Chile largo:* schmal, lang, rot und scharf. Er wird vor der Verwendung eingeweicht bzw. geröstet und dann gemahlen.
- *Chile pasilla:* schmal, lang und fast schwarz. Er verleiht den Moles Farbe und Geschmack, enthält aber keine Schärfe.
- *Chile chipotle:* ein kleiner, kegelförmiger, roter Chili. Er hat einen eigenen Geschmack und ist sehr scharf. In Europa ist er in Dosen erhältlich.
- *Chile piquín:* sehr klein, länglich, rot und äußerst scharf. Vor dem Gebrauch wird er eingeweicht, gemahlen oder gehackt. In Europa ist er in getrockneter Form erhältlich, gelegentlich auch als Cayenne-Pfeffer.

Epazote

Mexikanisches Teekraut *(Chenopodium ambrosioides),* bei den Mexica *epazotl* genannt, wird vor allem in den Hochlandregionen angepflanzt. Epazote schmeckt leicht nach Zitrone und wird gerne in Tortilla- und Bohnengerichten als Gewürz verwendet. In Mexiko ist es auch als Heilmittel für verschiedenste Krankheiten bekannt, in Europa vor allem in Form von Gewürztee.

Feigenkaktus
Nopal

Der Nopal *(Opuntia ficus-indica)* ist eine der zahlreichen Kakteenarten Mexikos, die schon vor Beginn der Kultivierung von Pflanzen von den mexikanischen Sammlervölkern als Nahrungsmittel genutzt wurden. Die jungen, ohrenförmigen »Blätter« des *Nopal* sind, von ihren Stacheln befreit, noch heute als Gemüse geschätzt. Die Kaktusfrüchte, die *Tunas,* sind weit verbreitet. Unter der dicken, stacheligen Schale sitzt das äußerst saftige, mit kleinen Kernen durchsetzte, violette oder grünweiße Fruchtfleisch. Eine bestimmte Sorte der *Tunas,* die *Xoconoxtle,* ist nur gekocht in *Salsas* und *Moles* oder in kandierter Form genießbar. Eine weitere kandierte Kaktusfrucht ist der *Acitrón* aus der Frucht einer *Biznaga,* einem Kugelkaktus. Den *Tunas* ähnlich, mit ebenfalls leuchtend violettrotem Fruchtfleisch, doch kleiner und mit zahlreichen Kernen versehen ist die *Pitahaya (Cereus pachycereus).* Aus dem Saft bestimmter *Tunas* bereitet man eine süße Fruchtpaste, den *Queso de Tuna,* sowie das durch Fermentation gewonnene Getränk *Colonche,* das vor allem von den Indianern im Norden Mexikos genossen wird. Auch dem *Pulque* können *Tunas* beigemischt werden.

Neben ihrer Bedeutung als Nahrungsmittel dienen verschiedene *Nopales* auch als Nährboden für die unscheinbare, graue Cochenille Laus. Aus den getrockneten und gemahlenen Weibchen wurde schon in vorkolonialer Zeit ein scharlachroter Farbstoff zum Färben von Textilien gewonnen. Während der Kolonialzeit und bis zur Entdeckung der Anilin-Farben 1880 in Deutschland war dieser in europäischen Textilien und Kosmetika verwendete Farbstoff ein wichtiger Exportartikel Mexikos.

Der Nopal mit einem auf ihm sitzenden Adler, der eine Schlange im Schnabel hält, steht im Zentrum der mexikanischen Nationalflagge.

Guave
Guayaba

Die Guave *(Psidium guajava)* stammt aus dem tropischen Amerika, ihr Name aus der Karibik. Die Früchte sind gelb oder grün und tragen in reifem Zustand häufig rote oder schwarze Flecken auf der Schale. Die Guave ähnelt in ihrer Form einer Birne, ist jedoch kleiner und kugeliger. Das leicht säuerliche Fruchtfleisch ist, je nach Sorte, rosa, weiß oder gelblich. Die zahlreichen darin enthaltenen Samen haben ihr bei den Mexica den Namen *xalxócotl* – sandige, saure Frucht – eingetragen.

Guaven besitzen ein kräftiges Aroma und werden für Kompotte, Marmeladen und andere Süßspeisen sowie zur Weihnachtszeit für Punsch verwandt, aber auch roh gegessen. Ihr Gehalt an Vitamin C ist höher als der einer Apfelsine.

Hibiskus
Flor de Jamaica

Der Hibiskus *(Hibiscus sabdariffa)* gehört zur Familie der Malvengewächse. Als seine Heimat gelten Indien und Malaysia. In Mexiko wird er nicht nur wegen seiner roten Blüten, sondern auch wegen seiner Nutzbarkeit angebaut: Aus ihm wird *Agua fresca* hergestellt. Als heißer Tee wie in Europa ist er wenig bekannt, auch wenn dieser im Herstellungsprozeß von *Agua fresca* die Vorstufe des Getränkes bildet.

Koriander
Cilantro

Frischer Koriander ist für die mexikanische Küche unentbehrlich. Sein hervorstechender Geschmack prägt viele Saucen, und bei vielen Fleisch- und Fischbrühen findet er Verwendung. Die Pflanze kam aus Asien nach Amerika und fand dort weite Verbreitung. Auf dem Land gehört Koriander in jeden Kräutergarten. Während in Mexiko das frische Kraut an jeder Straßenecke zu kaufen ist, ist es in Europa schwer erhältlich; am besten zieht man es selbst. Koriander hält sich, in Papier und luftdicht in Plastik eingepackt, einige Tage im Kühlschrank oder läßt sich einfrieren.

Kürbis
Calabaza

Der Gartenkürbis *(Cucurbita pepo)* gehört neben Chili und Avocado zu den ältesten und ursprünglich in Mexiko kultivierten Pflanzen. Die frühesten Funde sind rund 8.000 Jahre alt. Die Frucht ist grün und länglich, mit wenig heraustretenden Rippen. Die bei uns als Zucchini bekannten zarten, noch nicht zur vollständigen Reifung gelangten Früchte finden als Gemüse Verwendung. Die hartschalige, reife Frucht hingegen wird in größere Stücke geschnitten, mit *Piloncillo* oder Zucker lange gekocht und als Süßspeise genossen; dazu trinkt man Milch. Auch die gelben Zucchiniblüten finden in vielen Gerichten Verwendung, so in Suppen und als Füllung von *Quesadillas.*

Die gleichen Zubereitungsarten gelten auch für den aus Mexiko stammenden Moschuskürbis *(Cucurbita moschata)*. Seine Frucht ist rund, dunkelgrün und hat deutlich hervortretende Rippen. Zudem sind seine Samen *(Pepitas)* eßbar, man knabbert sie oder bereitet aus ihnen eine Pipián-Sauce zu; sie enthalten Wirkstoffe zur Bekämpfung von Darmwürmern.

Zur gleichen Familie gehört auch der Chilacayote *(Cucurbita ficifolia)*. Seine Frucht ist oval und glatt, grün mit weißen oder gelblichen Flecken, das Fruchtfleisch weiß mit schwarzen Kernen. Der Chilacayote wird wie die anderen reifen Kürbisse als Süßspeise zubereitet. Er kann mehrere Jahre gelagert werden.

Nicht als Nahrungsmittel, aber zur Herstellung von Gefäßen (Flaschen, Trinkschalen) und Musikinstrumenten (Rasseln) werden der Flaschenkürbis *(Lagenaria siceraria)* und die Baumkalebasse *(Crescentia cujete)* verwendet.

Jícama

Die *Jícama (Pachyrrhizus erosus)* ist eine Knollenfrucht mit weißem Fruchtfleisch und gelblichweißer Schale. An der Spitze sitzt ein wurzelähnlicher Fortsatz, der »Nabel«. Bei den Mexica hieß die Frucht deshalb *xicamatl* – wäßrige Nabelwurzel. Die Konsistenz der *Jícama* ist dem des Rettichs vergleichbar, sie ist jedoch saftiger und ohne jegliche Schärfe, eher süßlich. Man unterscheidet zwischen Milch- und Wasser-*Jícama;* erstere ist wildwachsend und im Geschmack weniger geschätzt als die zweite.

Die *Jícama* wird roh, in Scheiben geschnitten und mit Salz, Limone und Chili bestreut gegessen. Sie kann aber auch mit Chili, Mohrrüben, Zwiebeln usw. in Essig eingelegt werden.

Kaffee
Café

Kaffee wurde ursprünglich im arabischen Raum angepflanzt, nach Mexiko kam er erst relativ spät. 1812 brachte der Spanier Juan Antonio Gómez de Guevara die Kaffeepflanze nach Córdoba im mexikanischen Bundesstaat Veracruz. Zusammen mit anderen Pflanzern der Region gelang ihm die Kultivierung: 1826 wuchsen bereits eine halbe Million Kaffeepflanzen in Mexiko. Inzwischen ist das Land der viertgrößte Kaffeeproduzent der Welt, 60 Prozent des Ertrags gehen in den Export. Angepflanzt wird Kaffee heute vor allem in den Küstenregionen Mexikos, also den tropischen Klimazonen.

In Mexiko wird zwar viel Kaffee getrunken, doch ist es schwer, guten, echten Kaffee zu bekommen. Bestellt man ihn in einem Restaurant, so erhält man meist eine Tasse heißes Wasser, einen Löffel und ein Glas Nescafe. Die ärmeren Bevölkerungsgruppen sind gezwungen, den Kaffee durch geröstete Maiskörner zu »verlängern«. Dennoch, der Kaffee nach dem Mittagessen gehört zur Eßkultur der mexikanischen Mittelschicht. In ländlichen Gebieten wird oft *Café de Olla* serviert, der in großen Töpfen zubereitet wird. Er kann nur aus traditionell hergestellten Tonbechern getrunken werden, in denen er sein Aroma voll entfalten kann.

Kakao
Cacao

Der Kakaobaum wächst in tropisch feuchten Klimazonen. Er benötigt Temperaturen zwischen 25 und 30 Grad Celsius und gedeiht nur in Höhen bis zu 500 Metern. In Mexiko liegen die bevorzugten Anbaugebiete in Chiapas, Tabasco und Veracruz. Kakaobäume werden meist unter dem schattigen Dach größerer Bäume gepflanzt. Nach drei Jahren liefern sie die ersten Früchte, nach zehn bis zwölf Jahren sind sie voll ertragfähig. Erst mit 20 Jahren beginnt die Produktion nachzulassen. Normalerweise kann zweimal im Jahr geerntet werden, im Juni und Dezember. Die Früchte werden geöffnet, die Kakaobohnen herausgenommen und getrocknet. In einigen Gebieten läßt man die Bohnen vor dem Waschen fermentieren, was die weitere Verarbeitung erleichtert und ihren Geschmack verbessert.

Kakao und Schokolade, Pflanze und Getränk, sind Errungenschaften der Maya. Der spanische Eroberer Hernán Cortés begegnete der Schokolade erstmals am mexikanischen Hof. *Xocoatl* war ein bevorzugtes Getränk der Adligen des vorkolonialen Mexiko. Zugleich aber dienten die Bohnen den Mexica als Zahlungsmittel. Leisteten sich die unteren Schichten einmal ein kakaohaltiges Getränk, so reicherten sie es mit Mais an, um seine Nahrhaftigkeit zu steigern. Die Kakaobohne war eine der ersten Waren, die Hernán Cortés dem spanischen König aus Amerika schickte. Bald fand Schokolade als Getränk auch an den europäischen Königshöfen Verbreitung. Ihr Konsum wurde nur dadurch eingeschränkt, daß Spanien eine Exportsperre über Mexiko verhängte. Dennoch gelangten die Bohnen auch in andere Anbaugebiete: nach Südamerika, auf die Philippinen und nach Afrika, dem heute größten Kakaoproduzenten.

In Mexiko wird Kakao auch heute noch vornehmlich als Getränk genossen. Schokolade besteht aus in Wasser aufgelöstem Kakao, der mit Zucker, Zimt und/oder Vanille gewürzt wird. Kakao dient auch der Geschmacksgebung bei *Atoles.* Die dunkle Schale der Bohne wird dabei zum Färben des Getränks benutzt. In Tabasco wird *Pozol* hergestellt, ein Getränk aus mit Wasser verdünntem, gemahlenem Mais und Kakao. In Chiapas kennt man das erfrischende *Tescalate*, bestehend aus Mais, gemahlenem Kakao und Zucker, die mit eiskaltem Wasser vermischt werden.

Erst zu Beginn des 19. Jahrhunderts gelang es dem Holländer van Houten, die Bohnen zu entölen und Kakaobutter sowie pulverisierten Kakao herzustellen. Und erst Mitte des 19. Jahrhunderts erreichte man es in der Schweiz, den Kakaobohnen durch Zusatz von Milch ihren bitteren Geschmack zu nehmen – die Tafelschokolade kam in Mode.

Mais
Maíz

Mais existierte schon lange, als vor 8.000 Jahren die Indianer Mesoamerikas darangingen, ihn zu kultivieren, doch erst seine Domestizierung machte ihn zum wichtigsten Lebensmittel Mexikos. Fast 50 Prozent der konsumierten Nahrungsmittel bestehen aus Mais, und 50 Prozent der benötigten Kalorien werden durch ihn gedeckt.

Mais war ein wichtiger Bestandteil der vorspanischen Hochkulturen Mexikos. Nur durch ihn wurde es möglich, größere Bevölkerungsgruppen ausreichend zu ernähren. So wundert es nicht, daß zahlreiche Gottheiten der Mexica mit dem Mais und dessen Anbau in Verbindung gebracht wurden: Centéotl, der Gott des Maises; Xilonen, die Göttin des frischen Maiskolbens; Ilametecuhtli, Göttin des trockenen Maiskolbens; Chicomecóatl, Göttin der Erhaltung aller Lebensmittel; Xipe-Totec, der Gott der Maisaussaat; Chalchiutlicue, die Göttin der bewässerten Felder; und Tláloc, der Gott des Regens.

Mais, der in fast allen Klimazonen Mexikos angebaut werden kann, bestimmt das Leben der Bauern und Landarbeiter. Kurz vor Beginn der Regenzeit werden die Kolben hervorgeholt, die man nach der letzten Ernte sorgsam für die Aussaat ausgewählt und aufbewahrt hat. Während der ganzen Wachstumsperiode beobachten die Bauern das Gedeihen der Pflanzen und können so bei der Ernte genau bestimmen, welche Maiskolben aufgehoben werden müssen, um auch im nächsten Jahr eine optimale Ernte zu erzielen. Über die Jahrhunderte haben auf diese Weise die Bauern jeweils für ihre Region besonders geeignete Maissorten herangezüchtet.

Bei den ersten Anzeichen von Regen werden die Felder umgepflügt und die Maiskolben entkörnt. Die Aussaat kann beginnen, sobald der Boden genügend feucht ist. Die Kleinbauern säen den Mais immer zusammen mit Bohnen aus, die Indianer auch mit Kürbis. Nach einem Monat wird das Feld zwischen den Saatreihen geeggt, um Unkraut zu beseitigen. Einen Monat später wird es nochmals geeggt, in manchen Gegenden sogar ein drittes Mal. Am Ende der Regenzeit sind die Maiskolben voll ausgereift und können frisch geerntet werden; sie heißen dann *Elotes*. Doch normalerweise läßt man den Mais stehen, bis die Kolben ausgetrocknet sind. Die Ernte fällt dann mitten in die Trockenzeit, den Winter. Aussaat, Pflügen und Ernte sind so arbeitsintensiv, daß die Mitarbeit aller Familienmitglieder benötigt wird, einschließlich der Verwandten und Nachbarn.

Mais ist nicht nur Nahrungsmittel, alle Teile der Pflanze sind vielfältig nutzbar. Wurzeln, Stengel und Blätter können der Bodendüngung dienen, Stengel und Blätter sind aber auch ein wichtiges Viehfutter. Die Blätter der Pflanze wie auch des Maiskolbens dienen dem Einpacken von Nahrungsmitteln, dem Umwickeln von Zigarren, der Herstellung von Papier. Aus den Maishaaren kann ein harntreibender Tee gekocht werden. Die *Olotes,* die entkörnten Maiskolben, dienen als Brennmaterial, nur zu oft aber auch der Verlängerung des Maisteiges für die Tortillas. Aus *Olotes* lassen sich diverse Werkzeuge herstellen, zum Beispiel Maisentkörner oder Glättgeräte für die Töpferei; selbst als Toilettenpapier finden sie Verwendung. Berühmt sind die aus Maisstengeln hergestellten Christusfiguren in Michoacán. Kinder bauen aus den verschiedensten Teilen der Maispflanze Drachen, Flugzeuge, Vögel, Autos oder Puppen.

Maisgerichte gibt es unzählige. Nicht nur jede Region hat ihre Spezialitäten, auch die Grundvarianten sind zahlreich. Am wichtigsten sind die aus aufgekochten, trockenen Maiskörnern *(Nixtamal)* hergestellten Maisfladen, die Tortillas. Sind sie handgemacht, so schmecken sie allein mit Salz schon ausgezeichnet. Die Tortilla ist das tägliche Brot der Mexikaner, nur in der Mittel- und Oberschicht fehlt sie gelegentlich auf dem Mittagstisch. In Öl gebacken und mit diversen Zutaten belegt, nennt man die Tortilla *Tostada,* gerollt Taco, gefaltet und gefüllt *Quesadilla,* in Chilisauce getunkt und in Öl gebacken *Enchilada* oder, etwas dicker, *Gorda.* Tacos, *Quesadillas* und *Enchiladas* können mit zahlreichen Speisen gefüllt werden – der Phantasie sind keine Grenzen gesetzt.

Aus grobgemahlenem *Nixtamal* werden *Tamales* hergestellt, Maisklöße, die oft mit Chilisauce und Fleischstückchen gefüllt, in Maisblätter gehüllt und im Wasserdampf gekocht werden. Aus feingemahlenem *Nixtamal* werden in Michoacán *Corundas* geformt, Klöße, die jedoch keine Füllung erhalten. Während die *Corundas* mit *Churipu,* einer Fleischbrühe besonderer Art, gegessen werden, reicht man zu *Tamales* immer das Maisgetränk *Atole. Atole* besteht aus Wasser, das durch Maisstärke angedickt wird. Die Maisstärke erhält man, indem man den gemahlenen *Nixtamal* mehrmals mit Wasser verdünnt und anschließend siebt. Zurück bleiben die Schale und die gröberen Teile. Der *Atole* bekommt durch Zusätze einen süßen oder scharfen Geschmack.

Mais findet man in zahlreichen Suppen, Gemüsegerichten und Süßspeisen. Brot und Kekse werden mit ihm zubereitet, ebenso alkoholische Getränke.

Mango
Mango

Der Mangobaum *(Mangifera indica)* stammt aus Südasien, ist aber heute fast überall in den Tropen verbreitet. Er gehört zu den größten Fruchtbäumen der Erde und trägt bis zu tausend rund 15 Zentimeter große, ovale Früchte. Sie haben eine glatte, gelbgrüne oder gelbrote Schale, die nicht zum Verzehr geeignet ist. Unter ihr befindet sich das saftige und dunkelgelbe, bisweilen faserige Fruchtfleisch. Die in Mexiko gängigsten Arten sind der *Mango criollo,* wildwachsend, klein und dicklich; der *Mango Manila,* etwas größer und flacher; der *Mango Petacón,* der größte und dickste. Die Mango wird roh gegessen, zum Teil – auch in noch unreifem Zustand – mit Chili bestreut oder als Süßspeise zubereitet. Die Frucht ist reich an den Vitaminen A und C, an Calcium, Eisen und Pektin.

Papaya
Papaya

Die Papaya *(Carica papaya)* ist eine Pflanze des tropischen Amerika und gehört zur Familie der Melonenbaumgewächse. Stamm und Blätteranordnung sind denen einer Palme ähnlich. Direkt am Stamm, unterhalb der Blätterkrone wachsen die 25 bis 30 Zentimeter langen, leicht ovalen Früchte. Sie haben eine grüne oder grüngelbe ungenießbare Schale und je nach Sorte gelbes bis orangerotes Fruchtfleisch. In der Mitte befinden sich zahlreiche schwarze, kaperngroße Kerne. Papayas sind transportempfindlich und nicht lange haltbar. Daher werden sie meist vor der endgültigen Reife gepflückt und in Papier eingewickelt auf den Markt gebracht.

Papayas werden in Fruchtsalaten verwendet und zu Getränken verarbeitet, seltener zu Kompott. Sie sind reich an den Vitaminen A und C. Alle Pflanzenteile enthalten einen säuerlichen Milchsaft mit einem starken Ferment, das dem Pepsin vergleichbare Papain. Es wirkt verdauungsfördernd und macht Fleisch bei dessen Zubereitung weicher. Aus den pulverisierten Kernen gewinnt man ein Wurmmittel; auch Blüten und Wurzeln sind medizinisch nutzbar.

Saucen
Salsas

Salsas werden zu den verschiedensten Gerichten als kalte Beilage serviert. Sie bestehen in der Regel aus grünen oder roten Tomaten, Chili, Zwiebeln und Salz. Die Tomaten können vorher mit der Schale geröstet oder gekocht und so haltbarer gemacht werden. Oft wird aber auch die fertige

Sauce in Öl oder Schweineschmalz gedünstet. Manche *Salsas* bestehen jedoch nur aus frischen Zutaten, zum Beispiel *Guacamole* und *Pico de Gallo.*

Einige Saucen werden zwar getrennt zubereitet, aber als wichtiger Bestandteil des Hauptgerichts heiß serviert. Als Beispiel kann die Mole dienen, die zu Fleisch und Geflügel gereicht wird. Die wesentlichen Zutaten einer *Mole* sind verschiedene getrocknete Chilis und getrocknete Gewürze wie Oregano, Thymian, Kreuzkümmel, Pfeffer, Zimt und Piment. Da die Zubereitung von *Moles* sehr aufwendig ist, wird häufig auf die verschiedenen fertigen *Mole*-Pasten zurückgegriffen, die auf dem Markt und auch im Supermarkt in offenen Behältern angeboten werden. *Mole* ist auch in Pulverform erhältlich, Pasten sind in Europa inzwischen in Spezialitätenläden zu finden.

Pipián, eine andere dieser Saucen, besteht aus von der äußeren Schale befreiten, gerösteten und anschließend gemahlenen grünen Kürbiskernen. Der *Escabeche* beinhaltet Essig, Zwiebeln, verschiedene Gewürze und manchmal auch Chili. Man serviert ihn – je nach Zutaten – heiß oder kalt.

Schweinefleisch
Carne de Puerco

Das Schwein wird in Mexiko nicht nur *Puerco, Cerdo* oder *Marrano* genannt, sondern auch *Cochino.* Die Bezeichnung stammt aus der Sprache der Mexica: *Cochi* bedeutet »schlafen«, *Cochini* »der Schlafende«. Denn das Besondere an diesem den Mexicas unbekannten Tier war, daß es oft schlief. Die Spanier aber meinten, die Bezeichnung bezöge sich auf den Schlamm, in dem das Schwein mit Vorliebe wühlt. So wurde für sie *Cochino* ein Synonym für »schmutzig« und ist ein heute noch in Spanien gebräuchliches Schimpfwort.

Viele Zubereitungsarten von Schweinefleisch haben die Mexikaner von den Spaniern übernommen, etwa die Herstellung der luftgetrockneten und später gebratenen Würste *Longaniza* und *Chorizo.*

Süßkartoffel
Camote

Die Süßkartoffel *(Ipomoea batatas)* ist im südlichen Amerika heimisch, gelangte aber schon in vorkolonialer Zeit bis nach Polynesien. Die meist als Süßspeise verzehrte, längliche und unregelmäßig dicke Wurzel hat eine rötlich-violette oder eine gelblich-weiße Schale. Sie verfügt im Vergleich zu der uns geläufigen Kartoffel über mehr Fett, Kohlehydrate und Vitamine. Die Knollen werden entweder in Wasserdampf gekocht oder im Ofen beziehungsweise heißer Asche gebacken; dazu trinkt man mit Vorliebe Milch. Süßkartoffeln werden ferner, mit verschiedenen Aromastoffen verfeinert, zu einer Art Konfekt verarbeitet, für das besonders Puebla berühmt ist.

Tamarinde
Tamarindo

Aus den braunen Schoten der Tamarinde *(Tamarindus indicus)*, die asiatischen Ursprungs ist, wird durch Kochen der Kerne und des umliegenden Fruchtfleischs ein beliebtes Fruchtwasser hergestellt. Durch seinen leicht säuerlichen Geschmack wirkt es erfrischend und gilt zudem als verdauungsfördernd. Aus dem Fruchtfleisch erhält man durch Zusatz von Chili und – je nach Belieben – Zucker oder Salz eine Fruchtpaste *(Pulpa de Tamarindo)*.

Tejocote

Der *Tejocote (Crataegus mexicana)* leitet seinen Namen aus der Sprache der Mexica her: *tetl* (Stein) und *xocotl* (saure Frucht). Er gehört zur Familie der Rosengewächse und ist eine kleine, gelbe, im Rohzustand sehr saure Frucht mit etwa fünf harten Kernen im gelben Fruchtfleisch. Der *Tejocote* wächst in den gemäßigten bis kalten Klimazonen Mexikos. Von ihrer Reifezeit im Herbst bis in die Wintermonate hinein werden die Früchte als Kompott oder Punsch zubereitet. Zudem gelten sie als wirksames Mittel gegen Husten.

Tomate
Jitomate

Die Tomate stammt ursprünglich aus Amerika, ihre Wurzeln scheinen eher in Peru als in Mexiko zu liegen. In Mexiko unterscheidet man zwei Tomatenarten: die *Jitomate,* vom mexikanischen *xitomatl* (Frucht des Nabels), also die bei uns bekannte rote Tomate, und die *Tomate,* eine grüne Frucht, die etwas kleiner ist als ihre rote Schwester, leicht säuerlich und ein wenig süß schmeckt und ihren Geschmack erst beim Kochen voll entfaltet. *Tomate* wie *Jitomate* werden vor allem für Saucen verwendet.

Die *Jitomate* fand in Europa nur langsam Verbreitung. Im 16. Jahrhundert faßte sie in Spanien Fuß, im darauffolgenden in Italien. Im 18. Jahrhundert hatte sie sich endlich über ganz Europa ausgebreitet, doch erst im letzten Jahrhundert wurde sie zum unverzichtbaren Lebensmittel. Die Europäer gaben der Tomate zunächst poetische Namen: *Pomidoro* (Goldapfel) in Italien, *Pomme d'amour* (Liebesapfel) in Frankreich und »Paradiesapfel« in Deutschland. Erst später setzte sich der mexikanische Ausdruck *Tomate* durch.

Die Tomate wächst in warmen bis gemäßigten Klimazonen. Mexikos Hauptanbaugebiete sind Sinaloa, Tamaulipas, Sonora, Guanajuato, Hidalgo und Michoacán. Wegen ihrer zahlreichen Vitamine und Mineralien ist die Tomate ein wichtiges Nahrungsgut, das die Grundlebensmittel Mais und Bohnen sinnvoll ergänzt.

Werden Tomaten gekocht, sollten sie vorher gehäutet und entkernt werden. Dazu legt man sie je nach Dicke der Schale zehn Sekunden bis zwei Minuten in kochendes Wasser und schreckt sie mit kaltem Wasser ab; danach läßt sich leicht die Haut abziehen. Sind die Früchte halbiert, kann man die Kerne leicht herausdrücken. Bei kalten Saucen ist es ratsam, die Kerne zu entfernen, damit sie nicht zu wäßrig werden.

Vanille
Vainilla

Die Vanille *(Vanilla planifolia)* wurde von den Mexica *tlilxóchitl* genannt – schwarze Blume. Ihr heute bekannter Name leitet sich von dem spanischen Wort für Schote ab: *Vaina.* Sie ist der entscheidende Teil dieser Kletterpflanze aus der Familie der Orchideen. Die Vanille wurde zuerst von den Bewohnern Mexikos und Zentralamerikas kultiviert. Ihre Hauptanbaugebiete in Mexiko liegen in Veracruz, Tabasco und Puebla. Hier ist Vanille jedoch sehr teuer und meist nur als künstliche Essenz erhältlich. Weltweit liegt heute jedoch das wichtigste Anbaugebiet auf Madagaskar.

Sowohl hinsichtlich des Bodens und des Klimas als auch des menschlichen Einsatzes ist die Vanille eine anspruchsvolle Pflanze. Da sie nur wenige Stunden blüht und der eigenartige Bau ihrer Blüte eine Eigenbestäubung beziehungsweise eine Bestäubung durch Insekten erschwert, muß dies von geübten Arbeitskräften übernommen werden. Um das beliebte Vanillearoma zu erhalten, ist eine sorgfältige und langwierige Behandlung der grün geernteten Schoten nötig. Sie werden zunächst mit heißem Wasser überbrüht, um anhaftende Keime abzutöten und sie geschmeidiger zu machen. Dann werden die Schoten abwechselnd in Sonne und Schatten gelegt, um ihnen so durch künstliches »Schwitzen« langsam die Feuchtigkeit zu entziehen. Das stärkste Aroma befindet sich nicht in den Samen, sondern in der Schale. Die Vanille ist jedoch nicht nur für ihr Aroma bekannt, sondern auch für ihre allgemein stimulierende und die Nierentätigkeit anregende Wirkung.

Yerbabuena

Yerbabuena, das »gute Kraut«, ist ein wildes Minzegewächs, das von der mexikanischen Landbevölkerung in Hausgärten gezogen wird. *Yerbabuena* findet als (Heil-)Tee Verwendung, aber auch sehr oft als Gewürz. Ihr pfefferminzartiger Geschmack verleiht den Gerichten eine besondere Note.

Suppen
Sopas Aguadas

Mexikanische Suppe
Sopa a la Mexicana

für 8 Personen

3 frische Maiskolben
3 Chiles poblanos
einige Zucchiniblüten
50 g Butter
1 kleine, gehackte Zwiebel
3/4 l Hühnerbrühe
1 EL Mehl
1/2 l Milch
1/2 Tasse Crème fraîche

◆ Die Maiskolben entkörnen. Die Chilis rösten, bis die Haut Blasen wirft. Für 5 Minuten in eine Plastiktüte geben, dann die Haut abziehen. Öffnen, Samen und Venen entfernen, die Chilis in Streifen schneiden. Die Zucchiniblüten kleinschneiden.
In einem Topf die Hälfte der Butter zerlassen und die Zwiebel darin bräunen. Maiskörner, Chilis und Zucchiniblüten zugeben und einige Minuten anbraten. Die Brühe zugießen und 20 Minuten kochen.
In einer Pfanne die restliche Butter erhitzen, das Mehl einrühren und goldbraun schwitzen. Die Milch unter ständigem Rühren zugießen. Die Mehlschwitze in den Topf geben, die Suppe würzen und aufkochen.
Crème fraîche in eine Terrine geben, mit etwas Suppe verrühren, die restliche Suppe darübergießen.

Varianten:
▷ Statt der frischen Maiskolben eine Dose Maiskörner nehmen.
▷ Die Chiles poblanos durch Paprika ersetzen.
▷ Statt der Zucchiniblüten eine Zucchini verwenden.

Maissuppe
Sopa de Elote

für 6 Personen

4 frische Maiskolben
Öl
1/2 gehackte Zwiebel
2 EL Mehl
3 Tassen Milch
3 Tassen Hühnerbrühe

◆ Die Maiskolben entkörnen. Die Körner im Mixer fein pürieren und durch ein Sieb streichen. In einem Topf etwas Öl erhitzen und die Zwiebel darin glasig werden lassen. Das Mehl einrühren und goldbraun schwitzen. Maispüree, Milch und Brühe zugeben und rühren, bis die Suppe kocht. 15 Minuten kochen.
Mit Pfeffer und Salz abschmecken.

Variante:
Einige Maiskörner zur Seite legen und vor dem Kochen der Suppe beigeben.

Maissuppe mit Zucchini
Sopa de Elote con Calabacitas

für 6 Personen

4 frische Maiskolben
4 Zucchini
2 Tomaten
1/2 gehackte Zwiebel
1 gehackte Knoblauchzehe
Öl
6 Tassen Hühnerbrühe
1 Epazote-Zweig
1/2 Tasse geriebener Parmesan

◆ Die Maiskolben entkörnen, die Zucchini würfeln. Die Tomaten häuten und mit Zwiebel und Knoblauch im Mixer fein pürieren.
In einem Topf Öl erhitzen und das Tomatenpüree darin andünsten. Maiskörner sowie Zucchini zufügen und alles 5 Minuten köcheln. Mit Brühe ablöschen. Den Epazote-Zweig hinzugeben und die Suppe bei schwacher Hitze 20 Minuten köcheln.
Mit Salz abschmecken. Mit Käse bestreut servieren.

Maiscreme
Crema de Elote

für 4 Personen

3 frische Maiskolben
1 Zwiebel
1 Knoblauchzehe
2 Chiles poblanos
50 g Butter
2 Tassen Milch
1 Tasse Crème fraîche

◆ Die Maiskolben entkörnen. Die Körner mit Zwiebel, Knoblauch und etwas Wasser im Mixer pürieren. Durch ein Sieb streichen.
Die Chilis rösten, bis die Haut Blasen wirft. Für 5 Minuten in eine Plastiktüte geben, dann die Haut abziehen. Öffnen, Samen und Venen entfernen, die Chilis in Streifen schneiden.
In einem Topf Butter zerlassen. Das Maispüree unter ständigem Rühren zugeben und aufkochen. Milch, Chilis und Salz beifügen, 15 Minuten kochen.
Vor dem Servieren die Crème fraîche unterrühren.

Die Maiscreme nur im Wasserbad wieder aufwärmen, da sie sonst gerinnt.

Kichererbsensuppe
Sopa de Garbanzo

für 4 Personen

100 g Kichererbsen
Öl
1 kleine, gehackte Zwiebel
2 gehackte Knoblauchzehen
1 l Hühnerbrühe
1 Yerbabuena-Zweig
4 Eier

◆ Die Kichererbsen rösten und fein mahlen.
In einem Topf 1 EL Öl erhitzen, Zwiebel und Knoblauch darin bräunen. Die Kichererbsen in der Brühe auflösen und mit Yerbabuena und Salz zugeben. 40 bis 50 Minuten köcheln.
In einer Pfanne Öl erhitzen und vier Spiegeleier braten. Auf Suppenteller geben. Die Suppe durch ein Sieb streichen und darübergießen.

Chipotle-Maissuppe
Sopa de Elote en Chipotle

für 6 Personen

3 große, frische Maiskolben
1/2 kleine Zwiebel
1 Knoblauchzehe
3/4 l Milch
1/2 Dose Chiles chipotles
1/2 TL Zucker
3/4 l Hühnerbrühe
1 Tasse Crème fraîche
50 g Butter
1/2 Bund Petersilie

◆ Die Maiskolben entkörnen. Die Körner mit Zwiebel, Knoblauch und wenig Milch im Mixer pürieren. Die Chilis kleinschneiden, die Samen entfernen.
Das Maispüree mit der restlichen Milch aufkochen, Zucker und Salz beifügen. Unter ständigem Rühren 20 Minuten kochen.
Durch ein Sieb streichen und die Brühe zugießen. Crème fraîche und Chilis unterrühren. Die Suppe 15 Minuten erhitzen, jedoch nicht kochen.
Butter sowie gehackte Petersilie in eine Terrine geben und mit der Suppe übergießen.

Variante:
Zusätzlich Tortilla-Chips in die Terrine geben.

Schwarze Bohnen-Suppe
Sopa de Frijol Negro

für 4 Personen

1 Tasse schwarze Bohnen
100 g gewürfelter Speck
1 gehackte Zwiebel
1 Tasse Milch
1 TL Oregano
1 TL Paprika
1/2 Zitrone (Saft)
1 Chile serrano
Weißbrot
geriebener Parmesan

◆ Die Bohnen kochen und mit 1 Tasse Kochwasser im Mixer fein pürieren.
In einem Topf den Speck anbraten und die Zwiebel glasig werden lassen. Das Bohnenpüree unterrühren, die Milch zugießen. Mit Oregano, Paprika, Zitronensaft und Salz würzen, den Chili hinzufügen und 10 Minuten kochen.
Das Brot in Würfel schneiden, anrösten und zur Suppe reichen. Die Suppe mit Käse bestreut servieren.

Dicke-Bohnen-Suppe
Sopa de Habas

für 8 Personen

2 Tassen trockene dicke Bohnen
1 Tomate
1/2 gehackte Zwiebel
3 gehackte Knoblauchzehen
Öl
2 TL gehackter frischer Koriander

◆ Die Bohnen säubern und in 8 bis 10 Tassen Wasser 75 Minuten kochen.
Die Tomate häuten und mit Zwiebel und Knoblauch im Mixer pürieren. In einem Topf Öl erhitzen und das Tomatenpüree darin andünsten. 5 Minuten köcheln.
Püree und Koriander in die Suppe rühren. Mit Pfeffer und Salz würzen. Heiß servieren.

Avocado-Suppe
Sopa de Aguacate

für 8 Personen

6 weiche Avocados
2 Eigelb
1 1/2 l Hühnerbrühe
1/2 Tasse Crème fraîche

◆ Die Avocados halbieren und entkernen, das Fruchtfleisch aus der Schale heben und mit Eigelb sowie etwas Brühe im Mixer pürieren. Pfeffern und salzen. In eine Terrine geben und mit Crème fraîche verrühren.
Die restliche Brühe erhitzen, in die Terrine gießen, umrühren. Mit Pfeffer und Salz abschmecken, sofort servieren.

Variante:
Vor dem Servieren 1/4 Glas trockenen Sherry beigeben.

Zucchinisuppe
Sopa de Calabacita

für 6 Personen

1 l Fleischbrühe
500 g Zucchini
1 große, gehackte Zwiebel
1 Eigelb
1/2 Tasse Crème fraîche

◆ In einem Topf die Brühe erhitzen, Zucchini und Zwiebel darin weich kochen. Herausnehmen, durch ein Sieb streichen und zurück in die Brühe geben. Mit Pfeffer und Salz würzen.
Das Eigelb schlagen, die Crème fraîche unterziehen. Die Masse in den Topf rühren und die Suppe erhitzen – jedoch nicht mehr kochen, da sonst das Eigelb stockt.

Zucchiniblüten-Suppe
Sopa de Flor de Calabaza

für 6 Personen

2 frische Maiskolben
4 Chiles poblanos
250 g Zucchiniblüten
250 g Zucchini
30 g Butter
1/2 gehackte Zwiebel
1 Epazote-Zweig
1 l Hühnerbrühe
1/2 Tasse Crème fraîche

◆ Die Maiskolben entkörnen und die Körner in Salzwasser kochen.
Die Chilis rösten, bis die Haut Blasen wirft. Für 5 Minuten in eine Plastiktüte geben, dann die Haut abziehen. Öffnen, Samen und Venen entfernen, die Chilis in Streifen schneiden. Die Zucchiniblüten kleinschneiden, die Zucchini würfeln. In einem Topf Butter zerlassen, Zwiebel und Zucchiniblüten 5 Minuten darin anbraten. Die Zucchiniblüten herausnehmen und zur Seite legen. Chilistreifen und Zucchini in den Topf geben, ebenfalls anbraten. Die Zucchiniblüten, den Epazote-Zweig, die Maiskörner mit dem Kochwasser und die Brühe hineingeben. Die Suppe 5 Minuten kochen, mit Salz abschmecken. Crème fraîche in eine Terrine geben, mit etwas Suppe verrühren und die restliche Suppe darübergießen. Heiß servieren.

Weißkohlsuppe
Sopa de Col

für 6 Personen

1 kleiner Weißkohl
3 Tomaten
2 Zwiebeln
Öl
1 l Hühnerbrühe
Weißbrot

◆ Den Weißkohl in Streifen schneiden. Die Tomaten häuten und kleinschneiden. Die Zwiebeln in Ringe schneiden.
In einem Topf Öl erhitzen und die Zwiebelringe darin bräunen. Tomaten und Weißkohl zugeben, mit Brühe ablöschen. Pfeffern und salzen. 10 Minuten kochen.
Das Brot in Würfel schneiden, anrösten und zur Suppe servieren.

◆ Öl erhitzen und die Nudeln darin goldbraun rösten. Herausnehmen und zur Seite stellen.
Die Tomaten häuten, vierteln und entkernen. Mit Zwiebel und Knoblauch im Mixer fein pürieren.
Das Öl erneut erhitzen und das Tomatenpüree darin andünsten. Unter ständigem Rühren 5 Minuten köcheln.
Nudeln, Püree und Brühe in einen großen Topf geben, mit einer Prise Zucker, Pfeffer und Salz würzen. Den Topf schließen und die Suppe köcheln, bis die Nudeln weich sind.
Kurz vor Ende der Kochzeit die Petersilie beifügen. Mit Käse bestreut servieren.

Variante:
Mit der Petersilie 1/4 Glas trockenen Sherry zugeben.

Nudelsuppe
Sopa de Fideo

für 6 Personen

60 g feine Suppennudeln
2 EL Olivenöl
4 Tomaten
1 gehackte Zwiebel
1 gehackte Knoblauchzehe
1 l Fleischbrühe
Zucker
1 EL gehackte Petersilie
1/4 Tasse geriebener Parmesan

Bouillon Tlalpeño
Caldo Tlalpeño

für 8 Personen

1 Suppenhuhn
500 g grüne Bohnen
4 Möhren
1/2 Zwiebel
4 Zucchini
2 Knoblauchzehen
4 getrocknete Chiles chipotles
Öl
1 frischer Korianderzweig
1 große Avocado

◆ Das Huhn waschen und in 2 l Wasser kochen. Die Bohnen waschen, von ihren Stielen befreien und kleinschneiden. Die Möhren schaben und in Streifen schneiden, die Zwiebel in Ringe schneiden.
Bohnen, Zucchini, Möhren, Zwiebelringe und Knoblauchzehen zum Huhn geben. Die Chilis öffnen, Samen und Venen entfernen. Die Chilis in Öl leicht anbraten und ebenfalls hinzufügen. Korianderzweig sowie Salz beifügen und alles kochen, bis Huhn und Gemüse weich sind. Wenn nötig, weiteres kaltes Wasser zugießen.
Die Avocado in Streifen schneiden und zur Suppe reichen. Heiß servieren.

Soll die Bouillon weniger scharf werden, die Chilis kurz vor Ende der Kochzeit zugeben und die Bouillon nur kurz aufkochen.

Variante:
Die getrockneten Chiles chipotles durch solche aus der Dose ersetzen: diese vor dem Öffnen gründlich waschen und trocknen.

Dorf in Michoacán: Einfache indianische Küche

Dorf in Michoacán: Purhépecha-Indianerin beim Kochen einer Chili-Sauce

Ciudad de México: Zubereitung von Tortillas in einer Garküche

Sopa de Arroz

Grieben

Bouillon Xóchitl
Caldo Xóchitl

am Vortag beginnen
für 8 Personen

1 Tasse Kichererbsen
250 g Schweinefleisch
250 g Rindfleisch
1 Knoblauchzehe
1 Zwiebel
1/2 Huhn
1 Tomate
3 Chiles chipotles
Öl
1 Epazote-Zweig
1 Avocado
4 Limonen

◆ Die Kichererbsen über Nacht in reichlich kaltem Wasser einweichen.
Am nächsten Tag Fleisch, Kichererbsen, Knoblauchzehe und eine halbe Zwiebel in 10 Tassen Wasser eine Stunde kochen. Das Huhn zugeben und weitere 40 Minuten kochen.
Währenddessen die Tomate häuten und würfeln. Die Chilis und die restliche Zwiebel kleinschneiden. Öl erhitzen und die Tomate darin andünsten. Chilis und Zwiebel beifügen. Die Mischung in die Bouillon geben. Mit dem Epazote-Zweig, Pfeffer und Salz würzen.
Mit Avocadoscheiben und halbierten Limonen servieren.

Cola de Novia

für 4 Personen

250 g Suppenfleisch
250 g Rindsgulasch
500 g Tomaten
100 g Schweineschmalz
oder Öl
1 kleine, gehackte Zwiebel
1 gehackte Knoblauchzehe
Thymian
Oregano
7 Chiles serranos
150 g Suppennudeln
1 Petersilienstengel

◆ Das Fleisch waschen, trockentupfen und würfeln. Die Tomaten häuten.
In einem Topf 35 g Schmalz erhitzen, Zwiebel und Knoblauch mit Kräutern und Salz darin anbraten. Den Topf schließen und die Mischung etwas schmoren. 1 3/4 l Wasser zugießen. Tomaten und Chilis hinzufügen und alles bei schwacher Hitze kochen, so daß genügend Brühe verbleibt.
Das restliche Schmalz erhitzen und die Nudeln darin goldbraun rösten. Wenn das Fleisch gar ist, Nudeln und Petersilie hinzugeben und die Suppe kochen, bis die Nudeln weich sind.
Heiß servieren.

Charal-Suppe
Caldo de Charal

für 8 Personen

100 g Charales
1 große Tomate
2 Chiles jalapeños
Öl
1 EL Schweineschmalz
oder Öl
1 große, gehackte Zwiebel
2 gehackte Knoblauchzehen
2 kleingeschnittene
Yerbabuena-Zweige
2 gehackte frische
Korianderzweige
1 Prise Majoran

Charales sind kleine getrocknete Fische, die durch eine andere Fischart ersetzt werden können.

◆ Den Fischen Kopf und Schwanz abtrennen. Die Tomate häuten und würfeln. Die Chilis in Streifen schneiden.
In einem Topf Öl erhitzen und die Fische darin goldbraun anbraten. 2 l Salzwasser zugießen und die Fische weich kochen.
In einer Pfanne Schmalz erhitzen, Zwiebel, Knoblauch, Yerbabuena und Koriander darin anbraten. Tomate, Chilis und Majoran beifügen, alles leicht köcheln.
Die Mischung in die Suppe geben und servieren.

Saucen
Salsas

Mexikanische Sauce
Salsa Mexicana · Pico de Gallo

3 große Tomaten
3 Chiles serranos
1 große Zwiebel
1 EL gehackter frischer Koriander

◆ Die Tomaten häuten und kleinschneiden. Chilis und Zwiebel fein hacken. Alles gut miteinander vermischen, mit Koriander, Pfeffer und Salz würzen.

Tomatensauce
Salsa de Jitomate

3 große Tomaten
1 grobgehackte Zwiebel
2-3 Chiles serranos
1 EL gehackter frischer Koriander

◆ Die Tomaten häuten und mit der Zwiebel im Mixer pürieren. Die Chilis fein hacken. Chilis, Koriander und Salz unterrühren.

Tomatensauce mit Chile Chipotle
Salsa de Jitomate con Chipotle

Chiles chipotles aus der Dose
2 große Tomaten
2 EL Öl
1 gehackte Zwiebel
1 gehackte Knoblauchzehe
1/2 TL Oregano
1/2 TL Zucker

◆ Die Chilis fein hacken, die Tomaten häuten und kleinschneiden.
Öl erhitzen, Zwiebel und Knoblauch darin glasig werden lassen. Chilis und Tomaten zugeben, 15 Minuten köcheln.
Mit Oregano, Zucker, Pfeffer und Salz würzen. Heiß oder kalt servieren.

Ranchera-Sauce
Salsa Ranchera

2 große Tomaten
1 Chile jalapeño aus der Dose
1 feingehackte Zwiebel
2 feingehackte Knoblauchzehen
1/2 Limone (Saft)
1 EL Öl
Oregano

◆ Die Tomaten häuten und kleinschneiden, den Chili fein hacken. Mit Zwiebel und Knoblauch vermischen. Limonensaft und Öl unterrühren. Mit Oregano und Salz würzen.

Scharfe Sauce
Salsa Caliente

400 g Tomaten
2-3 Chiles serranos
1 EL Schweineschmalz oder Öl
1 gehackte Zwiebel
1/2 Tasse Crème fraîche

◆ Die Tomaten häuten und würfeln, die Chilis hacken.
Schmalz erhitzen, Zwiebel und Chilis darin anbraten. Die Tomaten zugeben und dünsten.
Die Mischung im Mixer pürieren. Erneut aufwärmen und die Crème fraîche unterziehen. Warm servieren.

Rote Chilisauce
Salsa de Chile Rojo

4 Chiles anchos
2 große Tomaten
1 große, gehackte Zwiebel
1 gehackte Knoblauchzehe
1 EL Pflanzenöl
6 EL gehackte Petersilie
1/2 TL Zucker
3 EL Olivenöl
1 EL Weinessig

◆ Die Chilis öffnen, Samen und Venen entfernen, die Chilis in warmem Wasser einweichen. Die Tomaten häuten und mit Chilis, Zwiebel und Knoblauch im Mixer pürieren.
Pflanzenöl erhitzen und das Tomatenpüree 5 Minuten darin andünsten. Mit Petersilie, Zucker, Pfeffer und Salz würzen. Die Sauce abkühlen lassen. Zuletzt Olivenöl und Essig unterrühren.

Variante:
Soll die Sauce schärfer schmecken, bis zu sechs Chiles piquín mit den Tomaten in den Mixer geben.

Grüne Sauce
Salsa Verde

300 g grüne Tomaten
2-3 Chiles serranos
1 kleine Zwiebel
1 Knoblauchzehe
1 frischer Korianderzweig

◆ Die Tomaten häuten und mit den Chilis anbraten. Zwiebel und Knoblauch zugeben, köcheln. Mit Koriander im Mixer pürieren. Mit Salz abschmecken und kalt servieren.

Mocha-Sauce
Salsa Mocha

15 grüne Tomaten
1 kleine Zwiebel
2 Knoblauchzehen
3 Chiles chipotles
aus der Dose

◆ Die Tomaten in wenig Wasser leicht kochen. Mit den übrigen Zutaten im Mixer pürieren. Mit Salz abschmecken und kalt servieren.

Guacamole

für 4-6 Personen

1 Avocado
1 Chile serrano
1 gehackte Zwiebel
1 EL gehackter frischer Koriander
Zitronensaft

◆ Die Avocado halbieren und entkernen, das Fruchtfleisch aus der Schale heben und mit einer Gabel zerdrücken. Den Chili kleinschneiden, mit Zwiebel und Koriander untermengen. Etwas Zitronensaft zugießen, damit die Mischung sich nicht verfärbt. Zu einer Creme schlagen. Mit Pfeffer und Salz abschmecken.

Guacamole Mixteco

für 12 Personen

3 Avocados
2 Tomaten
4 Chiles serranos
1 gehackte Zwiebel
Öl
3 frische Korianderzweige

◆ Die Avocados halbieren und entkernen, einen Kern zur Seite legen. Das Fruchtfleisch aus der Schale heben und mit einer Gabel zerdrücken.
Die Tomaten kurz anbraten, häuten und im Mörser zerstampfen. Die Chilis kleinschneiden und mit der Zwiebel ebenfalls zerstampfen. Die Masse unter die Avocados mengen, mit Öl, Pfeffer und Salz abschmecken. Den Avocadokern in die Guacamole geben, damit sie nicht braun wird. Mit gehacktem Koriander bestreuen.

Guacamole en Molcajete

für 8-10 Personen

2 reife Avocados
6 grüne Tomaten
nach Geschmack: Chiles serranos
1 Zwiebel
2 gehackte Knoblauchzehen
2 EL gehackter frischer Koriander

◆ Die Avocados halbieren und entkernen, einen Kern zur Seite legen. Das Fruchtfleisch aus der Schale heben und mit einer Gabel zerdrücken. Die Tomaten kurz anbraten und würfeln. Die Chilis leicht rösten und kleinschneiden. Die Zwiebel in Ringe schneiden.
In einem Mörser Chilis, Knoblauch und Salz mahlen. Tomaten und Avocados zugeben und zerstampfen.
Den Avocadokern in die Guacamole geben, damit sie nicht braun wird. Mit Zwiebelringen und Koriander garnieren.

Variante:
Die grünen Tomaten durch vier rote ersetzen, diese nicht anbraten.

Sopas Secas

Sopa secas sind Vorspeisen aus Reis beziehungsweise Teigwaren und im Gegensatz zur Sopa aguada nicht flüssig.

Reis
Sopa de Arroz

für 4 Personen

250 g Langkorn-Reis
150 g Tomaten
1 Bund Petersilie
150 g Schweineschmalz oder Öl
1 kleine, gehackte Zwiebel
2 gehackte Knoblauchzehen
1-2 Chiles serranos

◆ Den Reis in warmem Wasser 15 Minuten einweichen.
Währenddessen die Tomaten häuten, im Mixer pürieren und durch ein Sieb streichen. Die Petersilie hacken.
Den Reis gründlich waschen und abtropfen lassen. In einem Topf Schmalz erhitzen und den Reis unter ständigem Rühren darin goldbraun rösten. Zwiebel und Knoblauch zugeben, unter ständigem Rühren bräunen. Überschüssiges Fett abgießen.
Tomatenpüree und Chilis dem Reis zugeben, etwas andünsten. Mit 4 Tassen Wasser ablöschen, Petersilie und Salz zugeben. Den Topf schließen und alles bei mittlerer Hitze 10 Minuten kochen. Die Temperatur reduzieren und den Reis etwa 45 Minuten trocknen – eventuell den Deckel abnehmen, damit das restliche Wasser verdampft.

Variante:
Eine Ringform einfetten, den Reis hineingeben, leicht andrücken. Auf eine Platte stürzen, mit Eierscheiben und Petersilie garnieren. In die Mitte Guacamole (Seite 72) geben.

Mexikanischer Reis
Arroz a la Mexicana

für 6-8 Personen

2 Tassen Langkorn-Reis
1 große, gehackte Zwiebel
2 gehackte Knoblauchzehen
4 Tassen Hühnerbrühe
3 Tomaten
1/4 Tasse Olivenöl
1/2 Tasse gekochte Erbsen
frische rote Pfefferschoten
frische Korianderzweige
1 Avocado

◆ Den Reis in warmem Wasser 15 Minuten einweichen.
Währenddessen Zwiebel und Knoblauch mit 1/2 Tasse Brühe im Mixer pürieren. In einer Schüssel zur Seite stellen. Die Tomaten häuten, vierteln und entkernen. Ebenfalls im Mixer pürieren.
Den Reis gründlich waschen und abtropfen lassen. In einem Topf Öl erhitzen und den Reis darin goldbraun rösten. Zwiebel- und Tomatenpüree sowie die restliche Brühe zugeben, pfeffern und salzen. Aufkochen, die Temperatur reduzieren und köcheln. Wenn das Wasser fast aufgesogen ist, die Erbsen zugeben. Den Reis bei schwacher Hitze garen.
Mit Pfefferschoten, Korianderblättern und Avocadoscheiben servieren.

Roter Reis
Arroz Rojo

für 8 Personen

2 Tassen Langkorn-Reis
1 kleine Kartoffel
2 Möhren
1 Tasse Erbsen
3 große Tomaten
1 Zwiebel
3 Knoblauchzehen
2 Chorizos (Seite 96)
3 EL Schweineschmalz oder Öl
2 EL gehackte Petersilie
2 Tassen Hühnerbrühe

◆ Den Reis in warmem Wasser 20 Minuten einweichen.
Währenddessen Kartoffel wie Möhren schälen und würfeln. Mit den Erbsen in wenig Wasser kochen. Die Tomaten häuten, mit Zwiebel und Knoblauch im Mixer pürieren. Die Chorizos pellen und kleinschneiden.
Den Reis gründlich waschen und abtropfen lassen. In einem Topf Schmalz erhitzen und die Chorizos darin braten. Herausnehmen und zur Seite legen. Den Reis in den Topf geben und goldbraun rösten. Überschüssiges Fett abgießen, das Tomatenpüree einrühren. Wird die Sauce dickflüssig, 2 Tassen kaltes Wasser zugießen. Mit Salz abschmecken. Gemüse, Chorizos und Petersilie hinzufügen. Wenn das Wasser aufgesogen ist, die heiße Brühe zugießen und den Reis bei schwacher Hitze garen.

Gelber Reis
Arroz Amarillo

für 6-8 Personen

2 Tassen Langkorn-Reis
1 große, gehackte Zwiebel
2 gehackte Knoblauchzehen
4 Tassen Hühnerbrühe
3 Tomaten
1/4 Tasse Olivenöl

◆ Den Reis in warmem Wasser 15 Minuten einweichen.
Währenddessen Zwiebel und Knoblauch mit 1/2 Tasse Brühe oder Wasser im Mixer fein pürieren. In einer Schüssel zur Seite stellen. Die Tomaten häuten und im Mixer pürieren.
Den Reis gründlich waschen und abtropfen lassen. In einem Topf Öl erhitzen, Reis und Zwiebelpüree darin goldbraun rösten. Das Tomatenpüree mit der übrigen Brühe beifügen, pfeffern und salzen. Aufkochen, den Topf schließen und den Reis bei schwacher Hitze garen.

Grüner Reis
Arroz Verde

für 4 Personen

1 Tasse Langkorn-Reis
4 Chiles poblanos
2 Tassen gekochte Milch
150 g Schweineschmalz oder Öl
1 kleine, gehackte Zwiebel
2 gehackte Knoblauchzehen
1 EL gehackte Petersilie

◆ Den Reis in warmem Wasser 15 Minuten einweichen.
Währenddessen die Chilis rösten, bis die Haut Blasen wirft. Für 5 Minuten in eine Plastiktüte geben, dann die Haut abziehen. Öffnen, Samen und Venen entfernen, die Chilis mit der Milch im Mixer pürieren.
Den Reis gründlich waschen und abtropfen lassen. In einem Topf Schmalz erhitzen und den Reis darin goldbraun rösten. Die Zwiebel mit dem Knoblauch zugeben und glasig werden lassen. Mit 2 Tassen Wasser ablöschen, Petersilie und Salz beigeben. 10 Minuten kochen.
Die Temperatur reduzieren und den Topf schließen. Wenn der Reis das Wasser aufgesogen hat, das Püree zugeben. Alles zugedeckt kochen, bis der Reis trocken ist.

Varianten:
▷ Den Reis mit drei in Scheiben geschnittenen hartgekochten Eiern garnieren.
▷ Statt der Chiles poblanos grüne Paprika nehmen: Die Paprika in Streifen schneiden und in etwas Wasser dämpfen, dann mit der Milch im Mixer pürieren.

Reis mit frischem Mais
Arroz Blanco con Elote

für 6 Personen

250 g Langkorn-Reis
2 frische Maiskolben
3 EL Öl
1 gehackte Zwiebel
3/4 l Hühnerbrühe
oder Wasser
30 g geriebener Parmesan

◆ Den Reis in warmem Wasser 15 Minuten einweichen. Währenddessen die Maiskolben entkörnen.
Den Reis gründlich waschen und abtropfen lassen. In einem Topf Öl erhitzen und den Reis darin rösten. Maiskörner und 1/4 l kaltes Wasser zugeben. Wenn der Reis das Wasser aufgesogen hat, Zwiebel, Salz und Brühe zugeben. Den Topf schließen und den Reis bei schwacher Hitze garen. Auf eine Platte geben und mit Käse bestreuen.

Reis mit Chiles Poblanos
Arroz con Chiles Poblanos

für 4-6 Personen

200 g Langkorn-Reis
2 frische Maiskolben
2 Chiles poblanos
Öl
1 kleine, gehackte Zwiebel
1 gehackte Knoblauchzehe
2 Tassen heiße Milch
1 1/2 Tassen Hühnerbrühe
1/2 Tasse Crème fraîche
100 g frischer Käse

◆ Den Reis in warmem Wasser 10 Minuten einweichen.
Währenddessen die Maiskolben entkörnen. Die Chilis rösten, bis die Haut Blasen wirft. Für 5 Minuten in eine Plastiktüte geben, dann die Haut abziehen. Öffnen, Samen und Venen entfernen, die Chilis in Streifen schneiden.
Den Reis gründlich waschen und abtropfen lassen. In einem Topf Öl erhitzen und den Reis mit Maiskörnern, Chilis, Zwiebel und Knoblauch darin leicht anbraten. Mit Pfeffer und Salz würzen. Milch sowie Brühe zugießen und den Reis bei schwacher Hitze garen.
Vor dem Servieren Crème fraîche und Käse darübergeben.

Chili-Reis
Arroz con Chiles

für 6 Personen

$1^1/_2$ Tassen Langkorn-Reis
6-8 Chiles poblanos
100 g geriebener Parmesan
2 EL Butter
$^1/_2$ l Crème fraîche

◆ Den Reis kochen.
Währenddessen die Chilis rösten, bis die Haut Blasen wirft. Für 5 Minuten in eine Plastiktüte geben, dann die Haut abziehen. Öffnen, Samen und Venen entfernen, die Chilis mit der Hälfte des Käses füllen.
Eine feuerfeste Form mit 1 EL Butter ausstreichen. Eine Lage Reis hineingeben, dann drei bis vier Chilis, reichlich Crème fraîche, Käse, Pfeffer und Salz. Erneut eine Lage Reis, Chilis, Crème fraîche, Käse und die restliche Butter in Stückchen darübergeben. Die Form in den Ofen stellen und alles 20 bis 30 Minuten überbacken.
Heiß servieren.

Spinat-Reis
Sopa de Arroz con Espinacas

für 8 Personen

2 Tassen Langkorn-Reis
500 g Spinat
4 Kartoffeln
4 Tomaten
2 Zwiebeln
2 Knoblauchzehen
4 EL Öl
3 Tassen Hühnerbrühe

◆ Den Reis in warmem Wasser 10 Minuten einweichen.
Währenddessen den Spinat verlesen, von den groben Stielen befreien und waschen. Die Kartoffeln schälen und würfeln. Die Tomaten häuten, mit Zwiebeln und Knoblauch im Mixer pürieren.
Den Reis gründlich waschen und abtropfen lassen. In einem Topf Öl erhitzen und den Reis darin goldbraun rösten. Das Tomatenpüree zugeben. Brühe, Spinatblätter, Kartoffeln und Salz beifügen. Den Topf schließen und den Reis bei schwacher Hitze garen.

Mauren mit Christen
Moros con Christianos

für 8 Personen

2 Tassen Langkorn-Reis
1 Tasse schwarze Bohnen
1/2 Zwiebel
1 Knoblauchzehe
Öl
1 Epazote-Zweig
2 Kochbananen

◆ Den Reis in warmem Wasser 15 Minuten einweichen.
Währenddessen die Bohnen kochen. Zwiebel und Knoblauch mit wenig Wasser im Mixer pürieren.
Den Reis gründlich waschen und abtropfen lassen. In einem Topf Öl erhitzen und den Reis einige Minuten darin rösten. Das Zwiebelpüree zugeben und garen. Die Bohnen mit 4 Tassen Kochwasser, den Epazote-Zweig und Salz hinzufügen. Den Reis bei schwacher Hitze garen.
Die Kochbananen der Länge nach aufschneiden und von beiden Seiten braten. Den fertigen Reis damit garnieren.

Reis mit Schweinefleisch
Arroz con Carne de Cerdo

für 8 Personen

2 Tassen Langkorn-Reis
500 g Schweinefleisch
6 Tomaten
1 Tasse Erbsen
Öl
1 kleine, gehackte Zwiebel
2 gehackte Knoblauchzehen
4 EL gehackte Petersilie

◆ Den Reis in warmem Wasser 15 Minuten einweichen.
Währenddessen das Fleisch waschen, trockentupfen und kleinschneiden. Die Tomaten häuten und im Mixer pürieren. Die Erbsen kochen.
Den Reis gründlich waschen und abtropfen lassen. In einem Topf Öl erhitzen und den Reis mit Zwiebel und Knoblauch darin goldbraun rösten. Tomatenpüree, Fleisch und Petersilie zugeben, pfeffern und salzen. Mit Wasser ablöschen und kochen, bis Fleisch und Reis gar sind.
Die Erbsen darübergeben und alles 10 Minuten warm stellen.

Krabben-Reis
Arroz a la Tumeada

für 8 Personen

500 g Langkorn-Reis
250 g Tomaten
1 Zwiebel
6 Knoblauchzehen
1 TL Gewürznelkenpulver
1 TL Pfefferkörner
2 Lorbeerblätter
1 TL getrocknete Yerbabuena
3 Oregano-Zweige
1 Bund Koriander
Öl
2 Chiles serranos
250 g gekochte und geschälte Krabben

◆ Den Reis in warmem Wasser 15 Minuten einweichen.
Währenddessen die Tomaten häuten. Mit Zwiebel, Knoblauch und allen Gewürzen im Mixer pürieren. In Öl andünsten und mit Salz abschmecken. Die Chilis in Streifen schneiden.
Den Reis gründlich waschen und abtropfen lassen. Öl erhitzen und den Reis darin goldbraun rösten. Das Tomatenpüree darübergeben und alles mit warmem Wasser bedecken. Bei schwacher Hitze köcheln.
Die Krabben zugeben, dabei ständig umrühren. Falls nötig, warmes Wasser zugießen. Zuletzt die Chilis beifügen und alles noch etwas köcheln.

Tomatennudeln
Sopa Seca de Fideo

für 4 Personen

200 g ganz dünne Nudeln
250 g Tomaten
1 Zwiebel
2 Knoblauchzehen
75 g Schweineschmalz oder Öl
1/2 l Fleisch- oder Hühnerbrühe
3 hartgekochte Eier
1 Bund Petersilie

◆ Die Nudeln zerbrechen. Die Tomaten häuten, mit Zwiebel und Knoblauch im Mixer pürieren.
In einem Topf Schmalz erhitzen und die Nudeln unter ständigem Rühren darin goldbraun rösten.
Das Tomatenpüree zugeben und etwas einkochen.
Die Brühe zugießen und alles köcheln, bis die Nudeln gar sind und die Flüssigkeit aufgesogen ist.
Mit Eierscheiben und Petersilienblättern garnieren.

Nudeln mit Chorizos
Sopa Seca de Fideo con Chorizo

für 4-6 Personen

250 g ganz dünne Nudeln
2 Chorizos (Seite 96)
1 Chile ancho
1 Chile chipotle
500 g Tomaten
1 gehackte Zwiebel
1 gehackte Knoblauchzehe
Schweineschmalz oder Öl
1/2 TL Oregano
Zucker
1 1/2 Tassen Hühnerbrühe
1/4 Tasse geriebener Parmesan

◆ Die Chorizos pellen und kleinschneiden. Den Chile ancho öffnen, Samen und Venen entfernen, den Chili in warmem Wasser einweichen. Den Chile chipotle hacken. Die Tomaten häuten, mit Chile ancho, Zwiebel und Knoblauch im Mixer pürieren.
Schmalz erhitzen und die Chorizos darin anbraten. Herausnehmen und zur Seite stellen. Im gleichen Fett die Nudeln goldbraun rösten, dabei ständig umrühren. Die Nudeln herausnehmen und in einen eingefetteten Topf geben.
Das Schmalz auf 2 EL ergänzen, erhitzen und das Tomatenpüree unter ständigem Rühren 5 Minuten darin dünsten. Mit Oregano, Pfeffer und Salz würzen. Eine Prise Zucker und die Brühe zugeben. Alles über die Nudeln geben, die Chorizos darüberstreuen. Im offenen Topf bei schwacher Hitze köcheln, bis die Nudeln gar sind und die Flüssigkeit aufgesogen ist.
Mit Käse bestreut und mit Chile chipotle garniert servieren.

Varianten:
▷ Eine feuerfeste Form einfetten, die gerösteten Nudeln hineingeben, Tomatenpüree, Hühnerbrühe und angebratene Chorizos darübergeben. Die Form in den auf 180° vorgeheizten Ofen stellen und alles 30 Minuten backen. Ebenfalls mit Käse und Chile chipotle bestreuen.
▷ Den Chile ancho durch einen zweiten Chile chipotle ersetzen. Da dieser sehr scharf ist, eventuell beim Garnieren darauf verzichten.

Fleisch
Carnes

Die Kochmethoden Barbacoa, Mixiote und Birria bewirken, daß das Fleisch ungewöhnlich zart wird. In vorkolonialer Zeit wurde vor allem Wild auf diese Weise zubereitet, heute mit Vorliebe Ziegen- und Hammelfleisch.

Barbacoa

am Vortag beginnen
für 8 Personen

1 kg Hammelfleisch
1 kg Schweinerippchen
100 g Mandelstifte
250 g Chiles anchos
1 kleine Knoblauchzehe
3 Gewürznelken
5 Pfefferkörner
$1^1/2$ Tassen Essig
Avocadoblätter
Bananenblätter

Von dem Wort Barbacoa (Erdofen) leitet sich die englische Bezeichnung Barbecue ab. Ursprünglich bereitete man eine Barbacoa zu, indem man in einem ausgehobenen Erdloch ein Holzfeuer entfachte und Steine erhitzte. Waren diese heiß genug, ließ man das Feuer ersticken und legte das Erdloch mit Agavenblättern aus, die vorher durch Rösten geschmeidig gemacht worden waren. Das Fleisch – einzelne Stücke oder ausgenommene Tiere – wurde ebenfalls in Agavenblätter eingewickelt und auf die heißen Steine gelegt. Sie wurden mit weiteren Blättern abgedeckt, gelegentlich sogar mit Erde. In diesem Erdofen garte das Fleisch mehrere Stunden im eigenen Saft und ließ sich anschließend leicht von den Knochen lösen.

◆ Das Fleisch mit einem feuchten Tuch säubern und in 3 cm große Stücke schneiden. Mit den Mandeln spicken.
Die Chilis leicht rösten und öffnen, Samen und Venen entfernen. Mit Knoblauch, Nelken, Pfeffer und Essig im Mixer pürieren. Die Fleischstücke damit einreiben und über Nacht einwirken lassen.
Am nächsten Tag die Fleischstücke einzeln mit je einem Avocadoblatt in Bananenblätter oder Aluminiumfolie wickeln. In Wasserdampf garen.

Mixiote

8 Stunden Vorbereitungs- und Kochzeit
für 6-8 Personen

1 1/2 kg Hammelfleisch ohne Knochen
12 Chiles anchos
1 kleine Zwiebel
4 Knoblauchzehen
80 g geschälte Mandeln
1 TL Oregano
12 Mixiotes
6 Avocadoblätter

Als Mixiote (metl bedeutet Agave, xiotl Abfall) wird die äußere dünne Haut der Agavenblätter bezeichnet. Sie wird in Wasser eingeweicht, in Stücke geschnitten und um die gewürzten Fleischstücke gewickelt. Die Säckchen werden in Wasserdampf gegart, gelegentlich unter Zusatz von Pulque.

◆ Das Fleisch mit einem feuchten Tuch säubern und in Stücke schneiden. Die Chilis öffnen, Samen und Venen entfernen, die Chilis in warmem Wasser einweichen. Mit dem Einweichwasser, Zwiebel, Knoblauch, Mandeln, Oregano und Salz im Mixer pürieren.
Das Fleisch vier Stunden darin einlegen.
Die Mixiotes einweichen und in 25 cm große Stücke schneiden. Das Fleisch darauf verteilen, mit etwas Chilisauce übergießen, je ein Avocadoblatt beifügen. Die vier Enden aufnehmen und zu einem Säckchen zusammenbinden. In einen Topf geben und bei schwacher Hitze drei bis vier Stunden in Wasserdampf garen – die Säckchen dürfen nicht mit dem Wasser in Berührung kommen.

Birria

2 Stunden Vorbereitungs- und Kochzeit
für 6-8 Personen

1 1/2 kg Hammelfleisch
100 g Chiles anchos
25 g Chile cascabel
25 g Chile morita
2 Knoblauchzehen
2 Gewürznelken
8 Pfefferkörner
1 Stückchen Stangenzimt
1/2 TL Oregano
10 Kümmelkörner
1 Thymianzweig
Salz
1/4 Tasse Essig
2 EL Schweineschmalz oder Öl

für die Sauce:
300 g grüne Tomaten
20 g Chile cascabel
1/2 TL Oregano
1 kleine, gehackte Zwiebel

Bei dieser Zubereitungsmethode werden die Fleischstücke in einem großen Topf auf einer Unterlage aus entkörnten Maiskolben oder auf einer umgekehrten Schüssel aufgeschichtet, um zu verhindern, daß sie mit dem Wasser am Boden des Topfes in Berührung kommen. Der Topf wird mit einem Deckel abgedichtet, mitunter zusätzlich mit Maisteig. Das Fleisch gart im Wasserdampf und im eigenen Saft; aus ihnen entsteht eine kräftige Brühe.

◆ Das Fleisch mit einem feuchten Tuch säubern und in 2 cm große Stücke schneiden. Die Chiles anchos leicht rösten und öffnen, Samen und Venen entfernen. Die Chiles anchos in warmem Wasser einweichen. Die anderen Chilis in etwas Wasser 15 Minuten kochen. Um dem Gericht Schärfe zu nehmen, vor dem Kochen Samen und Venen entfernen. Alle Chilis mit Knoblauch, Gewürzen und Essig im Mixer pürieren – das Püree sollte dickflüssig sein.
Das Fleisch darin wenden und in eine feuerfeste Form geben. Mit heißem Schmalz übergießen und mit Aluminiumfolie abdichten. In den Ofen stellen und bei 190° anderthalb Stunden braten.
Währenddessen für die Sauce Tomaten und Chili in wenig Wasser 10 Minuten kochen. Im Mörser mahlen. Bratensaft zugießen, mit Oregano, Zwiebel und Salz würzen.
Den Ofen erst kurz vor dem Servieren öffnen. Das Fleisch herausnehmen und mit der Sauce übergießen.

Rindfleischbrühe
Caldo de Res

für 8 Personen

$1^1/_2$ kg Rindfleisch
2 Chayoten oder Kartoffeln
2 Zucchini oder
Zucchiniblüten
3 Chiles serranos
2 Limonen

◆ Das Fleisch waschen, trockentupfen und in 4 cm große Würfel schneiden. In 3 l Salzwasser kochen.
Die Chayoten schälen und in Streifen schneiden, die Zucchini vierteln. Wenn das Fleisch gar ist, das Gemüse in der Fleischbrühe weich kochen.
Chilis hacken, Limonen vierteln und beides zur Brühe reichen.
Beilage: Maistortillas (Seite 119)

Churipu

4 Stunden Vorbereitungs- und Kochzeit
für 8 Personen

$1^1/_2$ kg Rindfleisch
3 Chiles anchos
1 Zwiebel
$^1/_2$ Weißkohl

◆ Das Fleisch waschen, trockentupfen und in 4 cm große Würfel schneiden. In 3 l Salzwasser drei Stunden kochen.
Währenddessen die Chilis öffnen, Samen und Venen entfernen, die Chilis in warmem Wasser einweichen. Mit der Zwiebel im Mixer pürieren.
Den Weißkohl in Streifen schneiden, nach drei Stunden Kochzeit in die Fleischbrühe geben und garen. Das Püree unterrühren und alles nochmals kochen.
Beilage: Corundas (Seite 136)

Picadillo

für 6 Personen

1 kg Rindfleisch oder
Hackfleisch vom Rind
500 g Tomaten
2 Äpfel
3 Chiles jalapeños
aus der Dose
Olivenöl
2 gehackte Zwiebeln
1 gehackte Knoblauchzehe
$^{1}/_{2}$ Tasse Rosinen
$^{1}/_{4}$ Tasse halbierte Oliven
1 Prise gemahlener Zimt
1 Prise Gewürznelkenpulver
$^{1}/_{4}$ Tasse geschälte Mandeln

◆ Das Fleisch waschen, trockentupfen und würfeln. Die Tomaten häuten, vierteln und entkernen. Die Äpfel schälen, entkernen und kleinschneiden. Die Chilis in Streifen schneiden.
Öl erhitzen und das Fleisch darin bräunen. Zwiebeln und Knoblauch zugeben und glasig werden lassen. Alle übrigen Zutaten außer den Mandeln beifügen, pfeffern und salzen. Ohne Deckel etwa 20 Minuten köcheln, bis das Fleisch gar ist.
Die Mandeln in Öl goldbraun rösten und beigeben. Alles weitere 1 bis 2 Minuten kochen.

Variante:
Zimt und Nelken durch Thymian und Oregano ersetzen.

Zunge in Pipián
Lengua en Pipián

4 Stunden Vorbereitungs- und Kochzeit
für 6-8 Personen

1 Ochsenzunge
2 Zwiebeln
1 Tasse geschälte
Kürbissamen
2 Knoblauchzehen
Öl

◆ Die Ochsenzunge gründlich waschen. Mit einer Zwiebel in 2 Tassen Salzwasser drei bis vier Stunden garen.
Währenddessen die Kürbissamen rösten. Mit der zweiten Zwiebel, Knoblauch, 1 EL Pfeffer, Salz und etwas Wasser im Mixer pürieren. Öl erhitzen und das Püree darin anbraten. Sollte es zu dickflüssig sein, etwas Wasser zugießen.
Die Ochsenzunge herausnehmen, abkühlen lassen und in Scheiben schneiden. In die heiße Sauce geben und kurz köcheln.

Fleischsalat
Salpicón

für 6 Personen

750 g Rindfleisch
2 Zwiebeln
1/2 Kopfsalat
3 Tomaten
1 Avocado
10 Oliven
6 eingelegte Chilis

für die Sauce:
6 EL Öl
2 EL Essig
Oregano

◆ Das Fleisch waschen und trockentupfen. Mit einer Zwiebel in Salzwasser etwa eine Stunde garen.
Währenddessen den Salat in Streifen schneiden und die Tomaten achteln. Die Avocado ebenfalls in Streifen schneiden. Die zweite Zwiebel hacken. Für die Sauce Öl, Essig, eine Prise Oregano, Pfeffer und Salz miteinander verrühren.
Das Fleisch herausnehmen, abkühlen lassen und in kleine Stücke zerpflücken. Mit Salat, Tomaten, Oliven und der gehackten Zwiebel mischen und auf einer Platte anrichten. Die Chilis dazulegen, mit Avocadostreifen garnieren, mit der Sauce begießen.

Fleischklößchen
Albóndigas

für 4 Personen

400 g gemischtes Hackfleisch
800 g Tomaten
1 feingehackte Zwiebel
1 Knoblauchzehe
2 Chiles poblanos
2 Eier
Öl
50 g gewürfelter Speck
1 EL Paniermehl

◆ Die Tomaten häuten, mit der Hälfte der Zwiebel und Knoblauch im Mixer pürieren. Die Chilis rösten, bis die Haut Blasen wirft. Für 5 Minuten in eine Plastiktüte geben, dann die Haut abziehen. Öffnen, Samen und Venen entfernen, die Chilis in Streifen schneiden. Ein Ei hart kochen und fein hacken.
In einer Pfanne Öl erhitzen und die Speckwürfel darin braten. Herausnehmen und mit Hackfleisch, der restlichen Zwiebel, Paniermehl, Pfeffer und Salz gut vermischen. Zu Klößchen in der Größe von Tischtennisbällen formen und mit dem gehackten Ei füllen. Ein Eiweiß steif schlagen, das Eigelb unterziehen und die Klößchen darin wenden. In die Pfanne legen und im Fett von allen Seiten goldbraun anbraten. Herausnehmen und zur Seite stellen.
Das Tomatenpüree in die Pfanne geben und dünsten, eventuell etwas Öl zugießen. Die Chilis hinzufügen und köcheln, bis alles gar ist. Die Fleischklöße hineingeben und weitere 10 bis 15 Minuten kochen.

Schweinefleisch in Chilisauce

Carne de Puerco en Chile

für 4-6 Personen

100 g Schweinebauch
700 g Schweinegulasch
3 Chiles anchos
1 kleine Dose geschälte Tomaten
1 Zwiebel
1/2 TL gehackter frischer Koriander

◆ Das Fleisch waschen und trockentupfen. Den Schweinebauch würfeln und mit dem Gulasch in einen Topf geben. Mit 1 Tasse Wasser kochen, bis das Wasser verdampft ist. Das Fleisch im eigenen Fett gut anbraten.
Die Chilis öffnen, Samen und Venen entfernen, die Chilis in warmem Wasser einweichen. Mit Tomaten, Zwiebel, Koriander und Salz im Mixer pürieren.
Die Fleischwürfel herausnehmen und zur Seite legen. Das Tomatenpüree in den Topf geben und in dem Fett dünsten. Das Fleisch hinzufügen und nochmals erhitzen.
Beilagen: Maistortillas (Seite 119) und gebratene Bohnen (Seite 147)

Schweinelende in Adobo

Adobo de Lomo de Cerdo

2 Stunden Vorbereitungs- und Kochzeit
für 6-8 Personen

1 1/2 kg Schweinelende
2 Zwiebeln
2 Knoblauchzehen
6 Chiles anchos
500 g Tomaten
1/2 TL Oregano
1/2 TL gemahlener Kümmel
1/2 TL Zucker
2 EL Schweineschmalz oder Öl

◆ Das Fleisch waschen, trockentupfen und in 3 cm große Würfel schneiden. Mit einer Zwiebel und einer Knoblauchzehe in einem geschlossenen Topf in Salzwasser anderthalb Stunden kochen.
Die Chilis leicht rösten und öffnen, Samen und Venen entfernen. Die Chilis in warmem Wasser einweichen. Die Tomaten häuten. Mit einer gehackten Zwiebel, einer gehackten Knoblauchzehe, Chilis, Oregano, Kümmel, Zucker, Pfeffer und Salz im Mixer pürieren.
Schmalz erhitzen und das Tomatenpüree darin andünsten. 5 Minuten köcheln. Das Fleisch und 1 Tasse Brühe zugeben und bei offenem Topf 30 Minuten köcheln, bis die Sauce eindickt.

Variante:
Das Fleisch durch Weiß- oder Blumenkohl ersetzen.

Schmorfleisch in Mandelsauce

Estofada de Almendra

für 4-6 Personen

750 g Schweinelende
Schweineschmalz oder Öl
30 g Weißbrot
1 Zwiebel
3 Knoblauchzehen
100 g Mandeln
3 Gewürznelken
3 Pfefferkörner
1 Zimtstange
1 Tomate
100 g Oliven
50 g Kapern
50 g Mandelstifte
3 Chilis in Essig

◆ Das Fleisch waschen und trockentupfen. Schmalz erhitzen, das Fleisch darin anbraten und garen. Herausnehmen und zur Seite stellen. Das Brot in Schmalz rösten. Zwiebel und Knoblauch bräunen. Die Mandeln mit Schale in 2 EL Schmalz goldbraun rösten.
Brot, Zwiebel, Knoblauch, Mandeln, Nelken, Pfeffer und Zimt im Mixer pürieren. Herausnehmen und zur Seite stellen.
Die Tomate häuten, im Mixer pürieren und in 1 EL Schmalz andünsten. Fleisch, Mandelsauce, die übrigen Zutaten sowie ein wenig Bratensaft zugeben und salzen. Köcheln, bis alles etwas eindickt.
Heiß servieren.

Schwein in Erdnuß-Sauce
Lomo en Cacahuate

für 4 Personen

500 g Schweinelende
50 g gekochter Schinken
6 entkernte schwarze Oliven
50 g Butter
50 g geschälte Erdnüsse
125 g Tomaten
1 grobgehackte Zwiebel
1 Gewürznelke
1/2 Zimtstange
Schweineschmalz oder Öl
1 l Fleischbrühe
125 g kleine Kartoffeln
1 Bund Petersilie

◆ Das Fleisch waschen und trockentupfen. Mit Schinkenstückchen und Oliven spicken, pfeffern und salzen.
Butter erhitzen und die Erdnüsse darin rösten. Die Tomaten häuten und mit Erdnüssen, Zwiebel, Nelke und Zimt im Mixer pürieren. Durch ein Sieb streichen und in Schmalz dünsten.
In einem Topf Schmalz erhitzen und das Fleisch von allen Seiten darin gut anbraten. Die Sauce zugeben und kochen, bis sie etwas eindickt. Die Brühe zugießen und weiterkochen.
Währenddessen die Kartoffeln mit Schale in Salzwasser kochen. In Schmalz goldbraun braten und in der gehackten Petersilie wälzen.
Das Fleisch in Scheiben schneiden und auf einer Platte anrichten. Mit Sauce übergießen, mit Kartoffeln umgeben, mit Petersilie bestreuen.

Variante:
Die Erdnüsse durch andere Nüsse, Kürbissamen oder Mandeln ersetzen.

Schweinekoteletts in Rahmsauce
Costillas de Cerdo a la Crema

für 6 Personen

6 Schweinekoteletts
1-2 EL Schweineschmalz oder Öl
1 gehackte Zwiebel
1/2 Tasse gehackte Petersilie
1 Tasse saure Sahne
1 EL Senf

◆ Schmalz erhitzen und die Koteletts von beiden Seiten darin goldbraun anbraten. Zwiebel und Petersilie zugeben und anbraten, pfeffern und salzen. Saure Sahne und Senf unterrühren und alles 3 Minuten kochen.

Schwein im Ofen
Lomo al Horno

für 6 Personen

$1^1/2$ kg Schweinefleisch
1 EL Öl
2 gehackte Knoblauchzehen
1 Bitterorange (Saft)
1 TL Oregano
1 TL gemahlener Kümmel
1 Lorbeerblatt

◆ Das Fleisch waschen und trockentupfen. Mit einer Mischung aus Öl, Knoblauch, Pfeffer und Salz einreiben. In eine feuerfeste Form legen, die übrigen Zutaten beigeben. Die Form in den auf 180° vorgeheizten Ofen stellen und das Fleisch 75 Minuten braten, dabei ab und zu mit dem Saft begießen.

Pozole

10 Stunden Kochzeit
für 10 Personen

500 g Schweinefleisch
2 Schweinefüßchen
500 g Schweinekopf
1 kg trockene weiße Maiskörner
4 EL Kalk oder Holzasche
1 Knoblauchzwiebel
1 EL Karbonat
1 Weißkohl
1 Bund Radieschen
6 Zwiebeln
5 Limonen
10 Chiles serranos

◆ Das Fleisch waschen, trockentupfen und würfeln, die Füßchen vierteln.
Die Maiskörner in Kalkwasser kochen, bis man die Schalen durch Reiben der Finger lösen kann. Abkühlen lassen und gründlich waschen. Die harten Körnerenden entfernen. Mit den geschälten Knoblauchzehen in reichlich Wasser kochen. Wenn die Maiskörner aufzuplatzen beginnen, das Karbonat beifügen, um den Prozeß zu beschleunigen. Fleisch, Füßchen und Kopf zugeben und etwa acht Stunden kochen. Wenn das Fleisch weich ist, salzen.
Währenddessen den Weißkohl in feine Streifen, die Radieschen in dünne Scheiben, die Zwiebeln in dünne Ringe schneiden. Die Limonen halbieren, die Chilis fein hacken. Alles zum Pozole reichen oder darüberstreuen.

Varianten:
▷ Statt der weißen rote oder andere Maiskörner verwenden, die gut zu kochen sind.
▷ Die Maiskörner einweichen, um den Kochprozeß zu verkürzen.

Mole aus dem Topf
Mole de la Olla

am Vortag beginnen
für 6-8 Personen

250 g weiße Bohnen
500 g Schweinefleisch
1 Huhn
250 g Zucchini
Chiles serranos
250 g frische Maiskörner
1/2 Tasse gehackte Petersilie
1 Yerbabuena-Zweig
1 große, gehackte Zwiebel
1/2 Tasse gehackter frischer Koriander

◆ Die Bohnen über Nacht einweichen.
Am nächsten Tag das Schweinefleisch waschen, trockentupfen und würfeln. Das Huhn säubern und zerteilen. Die Zucchini in Würfel schneiden, die Chilis hacken.
Die Bohnen in frischem Wasser 10 Minuten kochen. Das Fleisch zugeben und etwa eine Stunde garen. Salz zugeben. Wenn das Fleisch fast gar ist, Maiskörner sowie Zucchini beifügen und fertig garen. Vom Herd nehmen, Petersilie und gehackte Yerbabuena unterrühren.
Das Fleisch mit Zwiebel, Koriander und Chilis servieren.

Hausgemachte Würste
Chorizo Casero

für 10-12 Stück

800 g Hackfleisch vom Schwein
200 g Schweinenackenfett (gehackt)
1/2 Tasse Essig
1/2 Tasse süßer Paprika
12 gehackte Knoblauchzehen
1/2 EL gemahlener Zimt
1 EL gemahlener Oregano
1 TL Zucker
1/4 TL Gewürznelkenpulver
1/2 TL gemahlener Pfeffer
1 TL Salz
3-4 m dünne Schweinsdärme

◆ Alle Zutaten mit den Händen gut mischen, bis die Masse sich rot färbt. Wenn nötig, weiter Paprika zugeben. Die Mischung vorsichtig in Schweinsdärme füllen. Nützlich ist dabei eine Art Trichter, der sich aus einem etwa postkartengroßen Stück Kunststoff formen läßt. Mit Gummi- oder Klebeband fixieren, den Darm über das schmale Ende ziehen und den Wursteig mit den Fingern hineindrücken. Alle 8 bis 10 cm einen Knoten anbringen.
Die Würste an der Luft trocknen.

Variante:
Sind keine Schweinsdärme zur Hand, die Mischung direkt braten.

◆ Öl erhitzen und das Fleisch von beiden Seiten darin anbraten. Herausnehmen und zur Seite stellen. Die Bananen in Scheiben schneiden und im gleichen Öl kurz anbraten. Ebenfalls herausnehmen und zur Seite stellen.
Den Chili öffnen, Samen und Venen entfernen, den Chili in warmem Wasser einweichen. Mit Zwiebel und Knoblauch in dem Öl anbraten, mit Zimt, Pfeffer und Nelken im Mixer pürieren.
In einem Topf das Püree bei schwacher Hitze garen. Das Fleisch hineingeben, 1/2 Tasse Wasser, Zucker und Salz hinzufügen, gar köcheln.
Die Ananas würfeln und mit den Bananen zugeben. Alles bei schwacher Hitze weitere 10 Minuten kochen.

Gefleckte Tischdecke
Manchamanteles

für 4 Personen

750 g Schweinelende
  in Scheiben
Öl
2 reife Bananen
nach Geschmack:
  Chiles anchos
1/2 gehackte Zwiebel
6 gehackte Knoblauchzehen
1 Zimtstange
6 schwarze Pfefferkörner
4 Gewürznelken
1/2 TL Zucker
3 frische Ananasscheiben

Kaninchen in Adobo
Conejo en Adobo

2 Stunden Vorbereitungs- und Kochzeit
für 4-6 Personen

1 Kaninchen
1 kleine Zwiebel
2 Knoblauchzehen
Thymian
Majoran
Lorbeerblätter

für den Adobo:
100 g Chiles anchos
2 Chiles chipotles
1 kleine Zwiebel
2 Knoblauchzehen
2 Gewürznelken
8 Pfefferkörner
etwas gemahlener Zimt
1 TL Oregano
1/4 TL gemahlener Kümmel
Salz
4 EL Essig
1 EL Schweineschmalz oder Öl

◆ Das Kaninchen in Stücke zerteilen. Mit den übrigen Zutaten in genügend Salzwasser etwa eine Stunde weich kochen.
Für den Adobo die Chiles anchos leicht rösten und öffnen, Samen und Venen entfernen. Die Chilis in warmem Wasser einweichen. Bei den Chiles chipotles die Samen entfernen. Alle Chilis mit Zwiebel, Knoblauch, Gewürzen und Essig im Mixer pürieren. In Schmalz anbraten. 2 Tassen Kochflüssigkeit oder Wasser zugießen, die Kaninchenstücke hinzufügen und 30 Minuten köcheln.

Geflügel
Aves

Huhn à la Tecalitlán
Pollo a la Tecalitlán

2 Stunden Vorbereitungs- und Kochzeit
für 4-6 Personen

1 großes Huhn
500 g Tomaten
100 g Zwiebeln
400 g kleine neue Kartoffeln
nach Geschmack: Chiles jalapeños
100 g Schweineschmalz oder Öl

◆ Das Huhn säubern und in Stücke zerteilen. Die Tomaten in Scheiben, die Zwiebeln in Ringe, die Kartoffeln in feine Scheiben schneiden. Die Chilis hacken.
Schmalz erhitzen und die Fleischstücke darin goldbraun anbraten. Herausnehmen und in einen Topf legen. Tomatenscheiben und Zwiebelringe daraufschichten, mit Pfeffer und Salz würzen. Chilis und Kartoffeln darauflegen, erneut pfeffern und salzen. Mit Wasser bedecken, den Topf schließen und alles bei schwacher Hitze etwa eine Stunde kochen, bis das Fleisch gar ist.
Im Topf servieren.

Variante:
Wird das Gericht im Ofen zubereitet, nur 1/2 Tasse Wasser zugießen und den feuerfesten Topf mit Aluminiumfolie abdecken. Bei mittlerer Hitze etwa eine Stunde kochen.

Jalapeño-Huhn
Pollo Jalapeño

für 4 Personen

1 Huhn
nach Geschmack: Chiles jalapeños
3 Tomaten
1 kleine Zwiebel
1 Knoblauchzehe
1 EL gehackter frischer Koriander
Oregano
1 EL Essig
1 EL Öl

◆ Das Huhn säubern und in Stücke zerteilen. In eine feuerfeste Form geben. Die Chilis in Streifen schneiden.
Die Tomaten häuten, mit Zwiebel, Knoblauch, Koriander, einer Prise Oregano, Essig, Pfeffer und Salz im Mixer pürieren. Über das Fleisch gießen. Die Chilis darauflegen, das Fleisch mit Öl begießen. Im Ofen bei mittlerer Hitze 75 Minuten braten. Wenn nötig, etwas Wasser zugießen.

Hühnerbrust mit Mais
Pechugas con Elote

für 6 Personen

3 Hühnerbrüste
Öl
3 frische Maiskolben
2 Chiles poblanos
50 g Butter
1 EL Mehl
1 Tasse Milch
1/2 Tasse geriebener Parmesan

◆ Das Fleisch waschen und trockentupfen. Öl erhitzen und das Fleisch darin leicht goldbraun braten. Herausnehmen, in der Mitte zerteilen und in eine feuerfeste Form geben.
Die Maiskolben entkörnen, die Körner in Salzwasser kochen. Die Chilis rösten, bis die Haut Blasen wirft. Für 5 Minuten in eine Plastiktüte geben, dann die Haut abziehen. Öffnen, Samen und Venen entfernen, die Chilis in Streifen schneiden.
Die Butter zerlassen, nach und nach Mehl und Milch zugeben und unter Rühren eine weiße Sauce bilden.
Die Fleischstücke mit Chilistreifen und Maiskörnern bedecken, Sauce und Käse darübergeben. Die Form in den Ofen stellen und alles bei 130° etwa 25 Minuten überbacken – das Fleisch darf nicht austrocknen.
Heiß servieren.

Huhn mit Orangen
Pollo con Naranjas

2 Stunden Vorbereitungs- und Kochzeit
für 6 Personen

2 Hühner
4 gehackte Knoblauchzehen
1/4 TL gemahlener Zimt
1/4 TL Gewürznelkenpulver
4 EL Olivenöl
1 gehackte Zwiebel
2 EL gehobelte Mandeln
1/4 Tasse Rosinen
1 EL Kapern
1/4 TL Safran
6 Orangen (Saft)
1 Tasse Hühnerbrühe
1/2 Glas Sherry

◆ Die Hühner säubern und in Stücke zerteilen. Mit einer Mischung aus Knoblauch, Zimt, Nelken, Pfeffer und Salz einreiben.
In einer Pfanne Öl erhitzen und die Fleischstücke darin goldbraun anbraten. Herausnehmen und in einen Topf legen. Zwiebel und Mandeln in die Pfanne geben und im gleichen Öl bräunen, eventuell Öl nachgießen. Zwiebel und Mandel mit Rosinen, Kapern, Safran und Orangensaft über das Huhn geben. Alles knapp mit Brühe bedecken und aufkochen. Bei schwacher Hitze etwa eine Stunde köcheln, bis das Huhn weich ist.
5 Minuten vor Ende der Kochzeit den Sherry zugeben.

Huhn in roter Mandelsauce
Pollo Almendrado Rojo

2 Stunden Vorbereitungs- und Kochzeit
für 6 Personen

1 Huhn (2 kg)
2 EL Olivenöl
2 EL Butter
2 Tassen Hühnerbrühe
1/4 TL Thymian
1/4 TL Majoran
1 Epazote-Zweig
1 große, gehackte Zwiebel
1 gehackte Knoblauchzehe
50 g geschälte Mandeln
3 große Tomaten
1/2 Glas Sherry

◆ Das Huhn säubern und in Stücke zerteilen. In einer Pfanne Öl und Butter erhitzen, das Fleisch darin anbraten. Herausnehmen und in eine feuerfeste Form mit Deckel geben. 1 1/2 Tassen Brühe zugießen. Mit Thymian, Majoran, Epazote, Pfeffer und Salz würzen. Zudecken und eine Stunde köcheln, bis das Huhn gar ist.
Währenddessen Zwiebel und Knoblauch in die Pfanne geben und in dem gleichen Öl glasig werden lassen. Die Mandeln fein mahlen. Die Tomaten häuten, mit Zwiebel, Knoblauch und der restlichen Brühe im Mixer pürieren. Mandeln und Sherry zugeben und alles bei mittlerer Hitze 5 Minuten köcheln, bis die Sauce eindickt.
Fleisch und Sauce getrennt reichen.

Huhn-Tinga
Tinga de Pollo

für 4-6 Personen

1 großes Huhn
2 große Tomaten
2 Chiles chipotles
Schweineschmalz oder Öl
1 große, gehackte Zwiebel
2 gehackte Knoblauchzehen
1 EL gehackte Petersilie
1 großblättriger Salat
2 Avocados

◆ Das Huhn säubern und in Stücke zerteilen. In Salzwasser kochen.
Währenddessen die Tomaten häuten und kleinschneiden. Die Chilis in Streifen schneiden.
In einem Topf Schmalz erhitzen, Zwiebel, Knoblauch, Tomaten und Petersilie darin dünsten. Mit etwas Hühnerbrühe ablöschen, das Fleisch zugeben und salzen. Wenn das Fleisch gar ist, die Chilis beifügen und etwas einkochen.
Mit Salatblättern und Avocadoscheiben garniert servieren.

Huhn in Pipián-Sauce
Pipián Rojo con Pollo

für 4 Personen

1 Huhn
6 Chiles anchos
8 EL Sesamkörner
3 Tomaten
1 gehackte Zwiebel
2 gehackte Knoblauchzehen
Öl
Gewürznelkenpulver
gemahlener Zimt

◆ Das Huhn säubern und in Stücke zerteilen. In 3 Tassen Salzwasser garen.
Währenddessen die Chilis leicht rösten und öffnen, Samen und Venen entfernen. Die Chilis in warmem Wasser einweichen. Den Sesam leicht rösten.
Die Tomaten häuten und mit Zwiebel, Knoblauch, Chilis und Sesam im Mixer pürieren. In Öl dünsten, mit je einer Prise Nelken, Zimt und Salz würzen. Das Fleisch sowie 2 Tassen Hühnerbrühe zugeben und alles 10 Minuten köcheln.

Mole

für 4-6 Personen

1 großes Huhn
2 Chiles anchos
2 Chiles pasilla
2 Chiles guajillo
2 Chiles de arbol
2 EL geschälte Erdnüsse
3-4 EL Schweineschmalz
6 kleine Tomaten
1/2 Zwiebel
4 Knoblauchzehen
Oregano
Gewürznelken
Essig

◆ Das Huhn säubern und in Stücke zerteilen. In reichlich Salzwasser kochen.
Währenddessen die Chilis öffnen, Samen und Venen entfernen, die Chilis in warmem Wasser einweichen. Die Erdnüsse fein mahlen und in 1 EL Schmalz rösten. Die Tomaten häuten und mit Chilis, Zwiebel, Knoblauch, Oregano, Nelken und einem Schuß Essig im Mixer pürieren.
In einem Topf das restliche Schmalz erhitzen und das Tomatenpüree darin andünsten. Die Erdnüsse zugeben. Den Mixer mit Hühnerbrühe ausspülen und diese Brühe der Mole zugeben. Mit Pfeffer und Schmalz abschmecken. Die Hühnerstücke beigeben und 5 Minuten köcheln.

Eignet sich zu Enchiladas mit Huhn (Seite 127), zu Schweine- oder Rindfleisch oder lediglich zu Gemüse.

Varianten:
▷ Die Chiles pasilla und guajillo durch Chiles anchos und etwas Chile piquín ersetzen.
▷ Statt der Erdnüsse Erdnußbutter verwenden.

Mole à la Patamban
Mole de Patamban

für 4-6 Personen

1 großes Huhn
250 g Chiles anchos
3 grüne Tomaten
4 EL geschälte Erdnüsse
4 EL geschälte Kürbissamen
2 EL Sesamkörner
1 rote Tomate
5 g Kochschokolade
200 g Schweineschmalz oder Öl
5 EL Mehl
1/4 TL gemahlener Ingwer
1/2 TL gemahlener Kümmel
1/2 TL Gewürznelkenpulver
7 gemahlene schwarze Pfefferkörner

◆ Das Huhn säubern und in Stücke zerteilen. In reichlich Salzwasser kochen.
Währenddessen die Chilis leicht rösten und öffnen, Samen und Venen entfernen, einige Samen zur Seite legen. Die Chilis in warmem Wasser einweichen. Die grünen Tomaten in wenig Wasser leicht kochen. Erdnüsse, Kürbissamen, Sesam sowie die Chilisamen jeweils leicht rösten.
Die rote Tomate häuten, mit den übrigen Tomaten, Erdnüssen, Kürbissamen, Sesam, Chilisamen und Schokolade im Mixer pürieren. In einer Schüssel zur Seite stellen.
Die Chilis im Mixer pürieren, eventuell wenig Wasser zugießen.
Schmalz erhitzen und das Mehl einrühren. Nach und nach die pürierten Chilis unter Rühren zugeben. Etwas Wasser zugießen und alles köcheln. Das Tomatenpüree zugeben, umrühren und weiterköcheln. Mit den Gewürzen und Salz abschmecken. Zuletzt die Hühnerstücke zugeben und weitere 5 Minuten köcheln.
Beilage: Reis (Seite 75)

Mole Negro à la Oaxaca
Mole Negro Oaxaqueño

8 Stunden Vorbereitungs- und Kochzeit
für 8 Personen

1 großer Truthahn oder Hühnerfleisch
500 g Chiles chilhuacle negros
250 g Chiles anchos negros
250 g Chiles pasilla
100 g getrocknete Aprikosen
1 Knoblauchzwiebel
200 g Schweineschmalz
2 gehackte Zwiebeln
1 kg rote Tomaten
250 g grüne Tomaten
2 EL Oregano
6 Gewürznelken
1 Zimtstange
250 g Sesamkörner
100 g Walnußkerne
100 g geschälte Erdnüsse
100 g geschälte Mandeln
50 g Paniermehl
3 große Bananen
100 g Rosinen
100 g Kochschokolade
nach Geschmack: Zucker

◆ Den Truthahn ausnehmen, säubern und in Stücke zerteilen. In reichlich Salzwasser kochen.
Die Chilis leicht rösten und öffnen, Samen und Venen entfernen. Die Chilis in warmem Wasser einweichen. Die Chilisamen rösten und sechs Stunden in Wasser einlegen, dabei das Wasser immer wieder wechseln.
Die Aprikosen einweichen. Die Knoblauchzehen schälen und hacken.
Etwas Schmalz erhitzen, Zwiebeln und Knoblauch darin glasig werden lassen. Rote und grüne Tomaten in wenig Wasser kochen. Mit Zwiebeln und Knoblauch im Mixer pürieren und zur Seite stellen.
Etwas Schmalz erhitzen, Oregano, Nelken und Zimt darin rösten. Mahlen und zur Seite stellen.
Sesam, Walnüsse, Erdnüsse und Mandeln rösten. Mahlen und ebenfalls zur Seite stellen.
Das Paniermehl rösten. Die Bananen in Scheiben schneiden.
Die Chilisamen im Mixer mahlen, herausnehmen und zur Seite stellen. Die Chilis ebenfalls im Mixer mahlen.
In einem Topf Schmalz erhitzen und die Chilis darin anbraten, etwas köcheln. Gewürzmischung und Chilisamen zugeben, weiter köcheln. Die Nußmischung, Bananen, Rosinen, Aprikosen, Paniermehl und Tomatenpüree beigeben, alles dünsten. Nach und nach Truthahnbrühe unterrühren. Schokolade, Zucker und Salz hinzufügen, die Truthahnstücke hineinlegen und 5 bis 10 Minuten kochen, ohne umzurühren.
Beilage: Reis (Seite 75)

Varianten:
▷ Statt der Chiles chilhuacle Chiles anchos negros nehmen.
▷ Die Chiles pasilla durch Chiles anchos ersetzen.

Hühner-Barbacoa
Barbacoa de Pollo

2 Stunden Vorbereitungs- und Kochzeit
für 4-6 Personen

1 großes, zartes Huhn
2 Chiles anchos
6 Knoblauchzehen
5 Gewürznelken
4 Oregano-Zweige
1/2 TL gemahlener Kümmel
1/2 TL Pfeffer
Salz
2 EL Schweineschmalz oder Öl

◆ Das Huhn säubern und in Stücke zerteilen.
Die Chilis öffnen, Samen und Venen entfernen, die Chilis in warmem Wasser einweichen. Mit Knoblauch, Gewürzen und etwas Wasser im Mixer mahlen.
Das Fleisch damit einstreichen und in eine mit Schmalz eingefettete feuerfeste Form legen. Die Form mit eingefetteter Aluminiumfolie verschließen und in den auf 170° vorgeheizten Ofen stellen. Das Fleisch anderthalb Stunden braten.

Huhn mit Chile Chipotle
Pollo con Chipotle

2 Stunden Vorbereitungs- und Kochzeit
für 6 Personen

1 großes Huhn
4 EL Öl
1 große, gehackte Zwiebel
1 gehackte Knoblauchzehe
500 g Tomaten
1 Epazote-Zweig
1 Chile chipotle aus der Dose
2 Tassen Hühnerbrühe

◆ Das Huhn säubern und in Stücke zerteilen.
In einer Pfanne Öl erhitzen und das Fleisch von allen Seiten darin goldbraun braten. In eine feuerfeste Form mit Deckel legen.
Zwiebel und Knoblauch glasig werden lassen, beigeben. Die Tomaten häuten, kleinschneiden und darauflegen. Epazote und Chili fein hacken und darüberstreuen. Pfeffern und salzen. Alles knapp mit Brühe bedecken, aufkochen, zudecken und etwa eine Stunde köcheln, bis das Fleisch gar ist.

Gefüllter Truthahn
Guajolote Relleno

für 14 Personen

1 Truthahn
1 Zwiebel
2 Knoblauchzehen
$^1/_4$ l Essig
100 g Schweineschmalz
oder Öl

für die Füllung:
2 kg Schweinefleisch
50 g gekochter Schinken
50 g Schweineschmalz
oder Öl
1 kg Tomaten
1 Zwiebel
2 Knoblauchzehen
3 Gewürznelken
1 Zimtstange
$^1/_2$ TL Safran
8 Kümmelkörner
100 g gehackte Mandeln
200 g Oliven
2 EL gehackte Petersilie
100 g Rosinen
$^1/_4$ l Sherry
2 EL Essig

◆ Den Truthahn ausnehmen und säubern. Innen und außen mit Pfeffer und Salz einreiben.
Für die Füllung Fleisch und Schinken würfeln. In einem Topf Schmalz erhitzen und den Schinken darin anbraten. Das Fleisch zugeben und gut braten.
Währenddessen die Tomaten häuten, mit Zwiebel, Knoblauch und den Gewürzen im Mixer pürieren. Zum Fleisch geben. Wenn die Sauce eindickt, die übrigen Zutaten für die Füllung hinzufügen, köcheln. Wenn die Flüssigkeit verkocht ist, den Topf vom Herd nehmen.
Den Truthahn mit der Mischung füllen und mit einem starken Faden zunähen. In reichlich Wasser mit Zwiebel, Pfeffer und Salz garen. Aus dem Topf nehmen und gut abtropfen lassen.
Zerdrückten Knoblauch mit Pfeffer, Salz und Essig mischen und den Truthahn damit gut einstreichen. Das Tier in eine mit Schmalz eingefettete feuerfeste Form legen. Etwas zerlassenes Schmalz darübergießen, die Form in den Ofen stellen. Den Truthahn bei mittlerer Hitze goldbraun braten.

Fisch
Pescados

Rotbarsch
Huachinango Envuelto

für 14 Personen

1 Rotbarsch (3 kg)
1 großes Kügelchen Achiote
5 Bitterorangen (Saft)
5 Tomaten
3 große rote Zwiebeln
4 Knoblauchzehen
1 TL gemahlener Oregano
$^1/_2$ TL gemahlener Kümmel

◆ Den Fisch säubern, ihn jedoch nicht zerteilen. Von beiden Seiten diagonal nur so tief einschneiden, daß die Gräten nicht berührt werden.
Das Achiote-Kügelchen in Orangensaft einweichen. Die Tomaten in feine Scheiben, zwei Zwiebeln in Ringe schneiden.
Die restliche Zwiebel und den Knoblauch im Mörser mahlen. Oregano, Kümmel und 1 TL schwarzen Pfeffer beifügen. Den Orangensaft zugießen, alles miteinander vermischen. Den Fisch von allen Seiten damit einreiben, besonders an den Schnittstellen.
Eine feuerfeste Form mit Aluminiumfolie auskleiden. Den Fisch hineinlegen, mit der restlichen Sauce begießen, mit Tomaten und Zwiebelringen belegen. Die Folie fest verschließen und den Fisch im Ofen bei 150° 15 Minuten garen.

Rotbarsch à la Veracruz
Huachinango a la Veracruzana

für 6 Personen

1 Rotbarsch (etwa 1$^1/_2$ kg)
2 EL Zitronensaft
4 Tomaten
1 Zwiebel
Olivenöl
2 gehackte Knoblauchzehen
2 Lorbeerblätter
Oregano
6 Chiles jalapeños
12 entkernte, halbierte Oliven
nach Geschmack: Kapern

◆ Den Fisch säubern, ohne Kopf und Schwanz abzutrennen. Von beiden Seiten mit einer Gabel einstechen, mit Salz und Zitronensaft gründlich einreiben, 30 Minuten einwirken lassen.
Währenddessen die Tomaten häuten, die Zwiebel in Ringe schneiden. Etwas Öl erhitzen und Zwiebel, Knoblauch, Tomaten, Lorbeerblätter und eine Prise Oregano 10 Minuten darin dünsten. Mit Salz abschmecken.
Den Fisch in eine feuerfeste Form legen. Tomatensauce, Chilis, Oliven und eventuell Kapern darübergeben. Die Form in den vorgeheizten Ofen stellen und den Fisch bei mittlerer Hitze etwa 20 Minuten garen.
Beilage: Reis (Seite 75)

Fisch mexikanisch
Pescado a la Mexicana

für 6 Personen

6 Seebarschfilets
1 Limone (Saft)
4 Chiles anchos
Schweineschmalz oder Öl
25 g geschälte Mandeln
1 kleine, grobgehackte Zwiebel
2 Knoblauchzehen
8 kleine Pfefferkörner
3 Gewürznelken
1 Stückchen Zimtstange
Olivenöl
18 Oliven
nach Geschmack: Chiles jalapeños

◆ Den Fisch waschen, trockentupfen, salzen und in Limonensaft einlegen.
Währenddessen die Chiles anchos öffnen, Samen und Venen entfernen.
In einer Pfanne Schmalz erhitzen und die Chiles anchos darin leicht anbraten. Mandeln, Zwiebel und Knoblauchzehen zugeben, bräunen. Mit Pfeffer, Nelken und Zimt in 1/4 l Wasser mahlen. Salzen und erneut in 1 EL Schmalz braten.
Eine flache feuerfeste Form mit Öl ausstreichen. Die Hälfte der Chilisauce hineingießen, den Fisch in die Form legen, mit der restlichen Sauce übergießen. Die Form in den Ofen stellen und den Fisch bei 190° etwa 20 Minuten garen.
Mit Oliven und Chiles jalapeños garniert servieren.

Fisch-Bouillon
Caldo de Pescado

für 6 Personen

1 kg Fisch (Rotbarsch, Seezunge)
2 Kartoffeln
2 Möhren
2 Tomaten
Öl
1 gehackte Zwiebel
1 gehackte Knoblauchzehe
1 TL Oregano
2 EL Tomatenmark
2 EL gehackter frischer Koriander

◆ Den Fisch säubern und in Stücke schneiden. Kartoffeln wie Möhren schälen und würfeln. Die Tomaten häuten und kleinschneiden.
Etwas Öl erhitzen, Kartoffeln und Möhren darin anbraten. Tomaten, Zwiebel und Knoblauch zugeben, köcheln. Mit Oregano und Salz würzen, das Tomatenmark hinzufügen.
In einem Topf genügend Wasser erhitzen, Tomatensauce, Fisch und Koriander zugeben. Alles bei schwacher Hitze etwa 10 Minuten kochen. Mit Salz abschmecken.

Filet in roter Sauce
Filete de Pescado en Salsa Roja

für 6 Personen

6 Rotbarschfilets
2 EL Mehl
6 Chiles pasilla
4 Chiles mulato
1 Zwiebel
6 Knoblauchzehen
2 El Schweineschmalz oder Öl

◆ Den Fisch waschen und trockentupfen. In Mehl wenden.
Die Chilis rösten, öffnen, Samen und Venen entfernen. Die Chilis in etwas Wasser kochen. Mit Zwiebel, Knoblauch und etwas Salz im Mixer mahlen.
In einer Pfanne Schmalz erhitzen und die Sauce darin anbraten. Den Fisch zugeben und 10 bis 15 Minuten köcheln.

Variante:
Die Chiles pasilla und mulato durch Chiles anchos ersetzen.

Schlammpeitzger nach Bacalar-Art
Lisa Estilo Bacalar

für 4 Personen

4 Schlammpeitzger
2 große Tomaten
1/2 Tasse Olivenöl
1 große, gehackte Zwiebel
Oregano
nach Geschmack: geriebene Muskatnuß
nach Geschmack: Oliven
1 kleine Dose Erbsen
1 Lorbeerblatt

Schlammpeitzger sind eine Schmerlenart, die durch andere Fische ersetzt werden können.

◆ Die Fische waschen, trockentupfen und kurz anbraten. Abkühlen lassen, entgräten und zerpflücken. Die Tomaten häuten und kleinschneiden.
Öl erhitzen, Fisch, Tomaten und Zwiebel darin anbraten. Mit je einer Prise Oregano und Pfeffer, Muskat und Salz würzen. Zuletzt Oliven, Erbsen sowie Lorbeerblatt hinzufügen, alles 5 Minuten köcheln.

Gebratener Fisch
Pescado Frito

für 4-6 Personen

1 Rotbarsch
Öl
2 Tomaten
1 gehackte Zwiebel
2 Chiles serranos

◆ Den Fisch säubern, ausnehmen und entschuppen. Senkrecht einschneiden, ohne ihn zu zerteilen.
Öl erhitzen und den Fisch von beiden Seiten darin goldbraun braten – dabei nicht öfter als zweimal wenden.
Die Tomaten kleinschneiden und mit Zwiebel, gehackten Chilis und etwas Salz vermischen. Zum Fisch servieren.

Fisch in Creme
Pescado a la Crema

1 Stunde marinieren
für 6 Personen

1 kg Fischfilet
6 Knoblauchzehen
3 grüne Paprika
250 g Rahmkäse
1/2 l Sahne
Butter

◆ Den Fisch waschen, trockentupfen und in Scheiben schneiden. Mit einer Mischung aus zerdrücktem Knoblauch, Pfeffer und Salz einreiben. Eine Stunde einwirken lassen.
Die Paprika in Streifen schneiden und in etwas Salzwasser dämpfen. Abkühlen lassen, mit Käse und Sahne im Mixer pürieren.
Eine feuerfeste Form mit Butter ausstreichen. Eine Lage Fisch hineingeben und mit Sauce übergießen. Eine zweite Lage Fisch darübergeben, mit der restlichen Sauce bedecken. Im Ofen bei 150° etwa 20 Minuten garen.

Forellen in Tomatensauce
Trucha en Caldo de Tomate

für 4-6 Personen

1 kg Forellen
8 grüne Tomaten
nach Geschmack:
Chiles serranos
Öl
1/2 gehackte Zwiebel
3 gehackte Knoblauchzehen
1 EL gehackte Petersilie

◆ Die Fische waschen, entgräten und in längliche Stücke schneiden. Die Tomaten würfeln, die Chilis hacken.
Öl erhitzen, Zwiebel, Knoblauch, Tomaten und Petersilie darin anbraten. Chilis hinzufügen und alles köcheln, dabei gelegentlich umrühren. Den Fisch zugeben, 5 Minuten kochen.

Seebarsch in Escabeche

Róbalo en Escabeche

1 Stunde marinieren
für 4 Personen

750 g Seebarsch in Scheiben
1 Limone (Saft)
100 g Chiles anchos
1 kleine Zwiebel
2 Knoblauchzehen
1/2 TL Oregano
1/4 TL gemahlener Kümmel
Essig
1 Zwiebel
50 g Mehl
1/3 Tasse Olivenöl
4 Chiles jalapeños

◆ Den Fisch waschen und trockentupfen. In einer Mischung aus Limonensaft, Pfeffer und Salz eine Stunde einlegen.
Währenddessen die Chiles anchos leicht rösten und öffnen, Samen und Venen entfernen. Die Chilis in warmem Wasser einweichen. Mit der kleinen Zwiebel, Knoblauch, Oregano, Kümmel und Essig im Mixer pürieren. Die Zwiebel in Ringe schneiden.
Den Fisch in Mehl wenden und in heißem Öl von beiden Seiten goldbraun braten.
In einem Topf 2 EL Öl erhitzen und das Püree darin anbraten. Den Fisch hineingeben, alles nochmals aufkochen.
Auf einer Platte anrichten, mit Chiles jalapeños und Zwiebelringen garnieren.

Thunfisch-Burritas

Burritas de Atun

für 4 Personen

1 Dose Thunfisch
3 Tomaten
2 Chiles serranos
Öl
1 gehackte Zwiebel
1 TL Oregano
Weizentortillas (Seite 120)

◆ Den Thunfisch zerpflücken. Die Tomaten häuten und kleinschneiden, die Chilis hacken.
Öl erhitzen, Zwiebel, Tomaten und Chilis darin dünsten. Mit Oregano, Pfeffer und Salz würzen. Den Thunfisch zugeben, alles einige Minuten köcheln.
Die Tortillas aufwärmen und Sauce daraufgeben. Zusammenrollen und servieren.

Panchos Fisch
Pescado Pancho

für 4-6 Personen

1 großer Bratfisch
1 Knoblauchzwiebel
8 Pfefferkörner
Öl
10 Limonen (Saft)
1 kleines Bier
6 Chiles poblanos
2 Zwiebeln
1/4 l Crème fraîche

◆ Den Fisch längs einschneiden, ohne ihn zu zerteilen.
In einem Mörser Knoblauchzehen und Pfefferkörner mit 1/2 Tasse Öl mahlen. Mit Limonensaft und der Hälfte des Biers verrühren. Den Fisch 15 Minuten darin marinieren.
Währenddessen die Chilis rösten, bis die Haut Blasen wirft. Für 5 Minuten in eine Plastiktüte geben, dann die Haut abziehen. Öffnen, Samen und Venen entfernen, die Chilis in Streifen schneiden. Die Zwiebeln in Ringe schneiden.
Den Fisch aus der Marinade nehmen und in Öl anbraten.
In einem Topf Öl erhitzen, Zwiebelringe und Chilis darin anbraten. Mit dem restlichen Bier ablöschen und dünsten. Crème fraîche zugeben und salzen, nicht mehr kochen.
Den Fisch mit der Sauce übergießen und servieren.
Beilagen: weißer Reis, gebratene Bohnen (S. 147), Salat

Marinierter Fisch
Ceviche

1-2 Stunden marinieren
für 6 Personen

1 kg Makrelen
8 Limonen (Saft)
3 Tomaten
2 Zwiebeln
5 Chiles jalapeños aus der Dose
12 Oliven
1 TL Oregano
6 EL gehackter frischer Koriander
6 EL Olivenöl
1 EL Weinessig
1 Avocado
zum Garnieren: 1 Limone

◆ Die Fische waschen, entgräten und in kleine Stücke schneiden. In einer Mischung aus Limonensaft und Salz ein bis zwei Stunden einlegen.
Währenddessen die Tomaten häuten und kleinschneiden. Eine Zwiebel und die Chilis hacken. Tomaten, Zwiebel, Chilis, Oliven, Oregano, Koriander, Pfeffer, Salz, Öl und Essig miteinander vermischen.
Die Avocado in Streifen, die zweite Zwiebel in Ringe, die Limone in Scheiben schneiden.
Die Fische gründlich waschen. trockentupfen und in eine Glasschüssel legen. Mit der Sauce übergießen, mit Avocadostreifen, Zwiebelringen und Limonenscheiben garnieren.

Mais
Maíz

Maistortillas
Tortillas de Maíz

1 Stunde ruhen lassen
für 12 Stück

2 Tassen Maismehl für Tortillas

Maistortillas können bei einigen Gerichten durch Weizentortillas ersetzt werden. Dies ist vor allem im Norden Mexikos üblich, wo nicht viel Mais angebaut wird.

◆ Maismehl, 1 TL Salz und 1 1/3 Tassen warmes Wasser miteinander vermischen und zu einem gleichmäßigen Teig kneten. Eine Stunde ruhen lassen.
Zwölf eigroße Kugeln formen. Die Kugeln zwischen zwei gewachste Butterbrotpapiere oder Plastikfolien legen und in einer Tortillapresse zu Fladen pressen. Falls keine Tortillapresse zur Hand ist, zwei Holzbrettchen nehmen und zwei etwa 2 mm dicke Lineale dazwischenlegen, um eine gleichmäßige Dicke der Tortillas zu erreichen.
Die Tortillas nach dem Pressen von der Folie lösen. Lösen sie sich nur schwer, dem Teig noch etwas Maismehl zugeben. In einer fettfreien Pfanne backen. Erst wenden, wenn sich die Tortilla mit einem Holzlöffel leicht vom Boden lösen läßt. Die zweite Seite backen und nochmals wenden.
In eine Serviette einschlagen und in einem Körbchen aufbewahren.

Tortillas werden mit Gemüse, kleingeschnittenem Fleisch oder Bohnen gefüllt – siehe die entsprechenden Rezepte. Dazu reicht man ein oder zwei Saucen, eventuell auch Bohnen und Reis.
Werden Tortillas mit Käse gefüllt, werden sie zusammengefaltet und nochmals in einer fettfreien Pfanne gebacken, bis der Käse schmilzt. Am besten eignet sich Raclettekäse.
In eine Serviette und dann in Plastikfolie eingepackt, halten sich Tortillas ein bis zwei Tage im Kühlschrank.

Varianten:
▷ Das Maismehl für Tortillas durch einfaches Maismehl ersetzen. Die Tortillas werden allerdings spröde und lassen sich nicht mehr gut rollen.
▷ 1/2 Tasse Maismehl für Tortillas durch 1/2 Tasse Weizenmehl ersetzen.

Weizentortillas
Tortillas de Harina

für 12 Stück

2 Tassen Mehl

◆ Mehl, 1 TL Salz und 3/4 Tasse warmes Wasser miteinander vermischen und zu einem gleichmäßigen Teig kneten. Zwölf eigroße Kugeln formen und 20 Minuten ruhen lassen.
Auf einer mit Mehl bestreuten Fläche so dünn wie möglich ausrollen. In einer fettfreien Pfanne bei schwacher Hitze von beiden Seiten etwa 2 Minuten backen.
In eine Serviette einschlagen und in einem Körbchen aufbewahren.

Die Tortillas können am nächsten Tag aufgewärmt werden.

Käse-Quesadillas à la Oaxaca
Quesadillas de Queso Oaxaqueño

für 4-6 Personen

250 g Maismehl für Tortillas
50 g Maismehl
1/2 Tasse Milch
300 g geriebener Raclettekäse
3 gehackte Zwiebeln
1 Epazote-Zweig
4 Tassen Öl

◆ Maismehl, etwas Salz und Milch miteinander vermischen und zu einem gleichmäßigen Teig kneten. Eigroße Kugeln formen und zu Fladen pressen. Mit Käse, Zwiebeln und gehacktem Epazote belegen und zusammenfalten, die Ränder fest verschließen.
In einer Pfanne Öl erhitzen und die Quesadillas von beiden Seiten darin goldbraun backen. Heiß servieren.
Beilage: grüne Sauce (Seite 71) oder Tomatensauce (Seite 69)

Variante:
Die Quesadillas zusätzlich mit Zucchiniblüten füllen: 2 EL Öl erhitzen, 2 EL gehackte Zwiebel darin bräunen. 2 Tassen gekochte und kleingeschnittene Zucchiniblüten zufügen, mit Epazote und Salz würzen. Erkalten lassen und den Käse zugeben.

Pilz-Quesadillas
Quesadillas de Hongos

für 4-6 Personen

300 g Maismehl für Tortillas
Öl

für die Füllung:
$1^1/2$ Tassen Pilze
2 Epazote-Blätter
4 gehackte Knoblauchzehen
Öl

◆ Für die Füllung Pilze und Epazote kleinschneiden. Mit Knoblauch in etwas Öl dünsten, salzen. Maismehl und etwas Wasser miteinander vermischen und zu einem gleichmäßigen Teig kneten. Eigroße Kugeln formen und zu etwas dickeren Fladen pressen. Mit der Füllung belegen und zusammenfalten, die Ränder fest verschließen.
In einer fettfreien Pfanne die Quesadillas von beiden Seiten rösten. Zuletzt kurz in Öl backen.

Quesadillas mit Bohnenfüllung
Quesadillas Rellenas de Frijol

für 4-6 Personen

3 Tassen Maismehl
für Tortillas
$^1/2$ Tasse Weizenmehl
Öl

für die Füllung:
$1^1/2$ Tassen Bohnen
1 Tomate
2 gehackte Chiles chipotles
2 EL Öl
1 gehackte Zwiebel
geriebener Parmesan

◆ Für die Füllung die Bohnen kochen und im Mixer pürieren. Die Tomate häuten und kleinschneiden. Die Chilis hacken.
Öl erhitzen, Zwiebel, Tomate und Chilis darin anbraten. Bohnenpüree und Käse hinzufügen, salzen.
Mehl, Salz und etwas Wasser miteinander vermischen und zu einem gleichmäßigen Teig kneten. Eigroße Kugeln formen und zu Fladen pressen. Mit der Füllung belegen und zusammenfalten, die Ränder fest verschließen.
Öl erhitzen und die Quesadillas von beiden Seiten darin goldbraun backen. Heiß servieren.

Zucchiniblüten-Quesadillas
Quesadillas de Flor de Calabaza

für 8 Personen

250 g Maismehl für Tortillas
180 g Weizenmehl
1 EL Backpulver
2 Eier
300 g Schweineschmalz
1 Tasse Milch

für die Füllung:
200 g Schweinefleisch
Schweineschmalz
2 gehackte Zwiebeln
2 gehackte Knoblauchzehen
50 Zucchiniblüten
1 Epazote-Zweig
100 g geriebener Parmesan

◆ Für die Füllung das Fleisch waschen und in etwas Salzwasser garen. Herausnehmen, abkühlen lassen und in kleine Würfel schneiden. Die Brühe zur Seite stellen. Etwas Schmalz erhitzen, Zwiebeln und Knoblauch darin glasig werden lassen. Das Fleisch zugeben und braten. Zucchiniblüten kleinschneiden, Epazote hacken, beides dem Fleisch beifügen. Salzen, etwas Brühe zugießen und köcheln. Zuletzt den Käse unterrühren.
Mehl und Backpulver vermengen, Eier, etwas Schmalz und Salz beifügen. Milch zugießen und alles zu einem gleichmäßigen Teig kneten. Auf einer mit Mehl bestreuten Fläche ausrollen und Kreise ausstechen. Mit der Füllung belegen und zusammenfalten, die Ränder fest verschließen.
Schmalz erhitzen und die Quesadillas darin goldbraun backen, dabei immer wieder mit Schmalz übergießen. Heiß servieren.

Quesadillas mit Nopales
Quesadillas con Nopalitos

für 4-6 Personen

200 g Maismehl für Tortillas
150 g Weizenmehl
1 TL Backpulver
4 Chiles poblanos
1/2 Tasse Crème fraîche
7 Tropfen grüne Lebensmittelfarbe
160 g frischer Käse
1 Ei
Öl

für die Füllung:
150 g junge Nopales
1 Chile jalapeño
Öl
2 EL gehackte Zwiebel
2 Eier

◆ Für die Füllung die Nopales würfeln, in Salzwasser kochen und anschließend abspülen. Den Chili hacken. 2 EL Öl erhitzen, Zwiebel, Nopales und Chili darin anbraten. Die Eier verschlagen und zugeben, salzen. Unter ständigem Rühren bei schwacher Hitze aufkochen.
Die Chilis rösten, bis die Haut Blasen wirft. Für 5 Minuten in eine Plastiktüte geben, dann die Haut abziehen. Öffnen, Samen und Venen entfernen. Mit Crème fraîche und Lebensmittelfarbe im Mixer pürieren.
Mehl und Backpulver vermengen. Püree und eventuell etwas Wasser zugeben, alles zu einem weichen Teig kneten. Auf einer mit Mehl bestreuten Fläche ausrollen und Kreise von 9 cm Durchmesser ausstechen. Mit der Füllung belegen, einen Streifen Käse zugeben. Zusammenfalten, die Ränder fest verschließen. Mit verschlagenem Ei bestreichen.
Reichlich Öl erhitzen und die Quesadillas darin backen. Heiß servieren.

Varianten:
▷ Die frischen Nopales durch Nopales aus dem Glas ersetzen.
▷ Statt der Chiles poblanos grüne Paprika verwenden, die vor dem Pürieren kurz gekocht werden.

Flöten des Nordens
Flautas del Norte

für 4 Personen

10 dünne Maistortillas (Seite 119)
300 g Tomaten
Öl
1 gehackte Zwiebel
350 g Hackfleisch vom Schwein
30 g gehackte Mandeln
30 g Rosinen
Gewürznelkenpulver
gemahlener Zimt

◆ Die Tomaten häuten und kleinschneiden. 2 EL Öl erhitzen und die Zwiebel darin bräunen. Das Hackfleisch zugeben und anbraten. Tomaten, Mandeln und Rosinen hinzufügen. Mit je einer Prise Nelken und Zimt, Pfeffer und Salz würzen. Köcheln, bis die Mischung eindickt.
Die Tortillas mit der Füllung belegen und zusammenrollen. In reichlich Öl kurz backen. In eine feuerfeste Form geben und im Ofen bei 180° goldbraun backen.
Beilage: Pommes frites

Hühner-Flöten
Flautas de Pollo

für 6-8 Personen

24 große, dünne Maistortillas (Seite 119)
3 Tassen gekochtes Hühnerfleisch
Öl
grüne Sauce (Seite 71)

◆ Das Fleisch in kleine Stücke zerpflücken. Die Tortillas aufwärmen und mit dem Fleisch belegen. Zusammenrollen und mit einem hölzernen Zahnstocher schließen.
Öl erhitzen und die Tortillas darin knusprig backen. Herausnehmen und abtropfen lassen. Auf einer Platte anrichten und mit Sauce übergießen.
Beilagen: geriebener Käse, Crème fraîche

Tomaten-Quesadillas
Entomatadas

für 4 Personen

12 Maistortillas (Seite 119)
500 g Tomaten
nach Geschmack:
Chiles serranos
4 Knoblauchzehen
2 Zwiebeln
50 g Schweineschmalz
100 g geriebener Raclettekäse
2 EL gehackte Petersilie

◆ Die Tomaten häuten. Die Chilis rösten. Beides mit zwei Knoblauchzehen im Mixer pürieren. Eine Zwiebel hacken, die zweite in Ringe schneiden.
Schmalz erhitzen, die gehackte Zwiebel und zwei gehackte Knoblauchzehen darin bräunen. Tomatenpüree und wenig Wasser zugeben, salzen und köcheln – die Sauce darf nicht zu wäßrig sein.
Die Tortillas aufwärmen und durch die Sauce ziehen. Zusammenfalten und auf Tellern anrichten. Mit Zwiebelringen belegen, mit Käse und Petersilie bestreuen.

Bohnen-Quesadillas
Enfrijoladas

für 6 Personen

18 Maistortillas (Seite 119)
100 g Bohnen
2 gehackte Frühlingszwiebeln
3 Chiles poblanos
250 g Tomaten
1/4 TL Oregano
Schweineschmalz oder Öl
1/4 l Crème fraîche
50 g geriebener Parmesan

◆ Die Bohnen säubern und mit einer Frühlingszwiebel kochen.
Währenddessen die Chilis rösten, bis die Haut Blasen wirft. Für 5 Minuten in eine Plastiktüte geben, dann die Haut abziehen. Öffnen, Samen und Venen entfernen, die Chilis in Streifen schneiden. Die Tomaten häuten und kleinschneiden.
Die Bohnen mit Bohnenwasser, Oregano und Salz im Mixer pürieren. 2 EL Schmalz erhitzen und das Bohnenpüree darin anbraten. Köcheln, bis die Sauce eindickt.
Die Chilis mit der zweiten Frühlingszwiebel in 1 EL Schmalz garen. Die Tomaten hinzufügen und auf die Hälfte einkochen. Etwas Crème fraîche zugeben, mit Salz abschmecken.
Schmalz erhitzen und die Tortillas darin kurz backen. Durch die Bohnensauce ziehen, mit der Tomatenmischung belegen, zusammenrollen und in eine feuerfeste Form legen. Mit der Bohnensauce übergießen, Crème fraîche darübergeben, mit Käse bestreuen. Bei mittlerer Hitze etwa 5 Minuten überbacken.
Heiß servieren.

Vegetarische Enchiladas
Enchiladas Vegetarianas

für 6 Personen

20 Maistortillas (Seite 119)
6 Chiles anchos
1 Zwiebel
1 Knoblauchzehe
4 Kartoffeln
2 Möhren
4 Zucchini
Öl
100 g frischer Käse

◆ Die Chilis leicht rösten und öffnen, Samen und Venen entfernen. Die Chilis in warmem Wasser einweichen. Mit einer halben Zwiebel und Knoblauch im Mixer mahlen. Die andere Zwiebelhälfte hacken.
Die Kartoffeln kochen und würfeln. Die Möhren kochen und in Scheiben schneiden. Die Zucchini kochen und in längliche Stücke schneiden. Alles in etwas Öl anbraten, salzen.
In einer kleinen Pfanne mit hohem Rand Öl erhitzen. Die Tortillas durch die Chilisauce ziehen und einzeln darin backen – sie dürfen nicht hart werden. Herausnehmen und abtropfen lassen. Zusammenfalten und auf eine Platte legen. Das Gemüse darübergeben, mit gehackter Zwiebel und zerbröckeltem Kase bestreuen.
Beilage: gebratene Bohnen (Seite 147)

Enchiladas mit Blattgemüse
Enchiladas con Acelgas

für 6-8 Personen

24 kleine Maistortillas
(Seite 119)
1 großes Bund Mangold
100 g Schweineschmalz
oder Öl
400 g Tomaten
1 Chile chipotle
2 kleine Zwiebeln
1 Knoblauchzehe
$^{1}/_{2}$ TL Zucker
$^{1}/_{8}$ l Crème fraîche
75 g geriebener Parmesan

◆ Den Mangold in etwas Salzwasser kochen. Herausnehmen, abtropfen lassen und kleinschneiden. In 1 EL Schmalz anbraten.
Die Tomaten häuten und mit Chili, einer Zwiebel und Knoblauch im Mixer pürieren. 1 EL Schmalz erhitzen und das Tomatenpüree darin andünsten, mit Zucker, Pfeffer und Salz würzen. Wenn nötig, etwas Gemüsebrühe oder Wasser zugießen. Die zweite Zwiebel hacken.
Schmalz erhitzen und die Tortillas darin kurz backen. Herausnehmen, durch die Sauce ziehen und mit Mangold belegen. Zusammenrollen, in der Crème fraîche wenden und auf einer Platte anrichten. Die restliche Sauce, Käse und die gehackte Zwiebel darübergeben.
Beilagen: gebratene Bohnen (Seite 147), Reis (Seite 75)

Variante:
Den Mangold durch ein anderes Blattgemüse ersetzen, zum Beispiel Spinat.

Enchiladas mit Chile Chipotle
Enchiladas de Chipotle

für 6 Personen

18 weiche Maistortillas (Seite 119)
200 g Schweinefleisch
200 g Tomaten
10 Chiles chipotles in Essig
1 kleine Zwiebel
3 Knoblauchzehen
1 TL Kräuter der Provence
3 Eier
frischer Käse
Schweineschmalz
Salatblätter

◆ Das Fleisch waschen und in etwas Salzwasser kochen, anschließend kleinschneiden.
Die Tomaten häuten und mit Chilis, Zwiebel, Knoblauch und Kräutern im Mixer pürieren. Die Eier verschlagen und zugeben. Etwas Essig der Chilis hinzufügen, salzen und gut mischen.
Die Tortillas durch die Sauce ziehen, mit Fleisch und etwas Käse belegen. Zusammenrollen und in heißem Schmalz kurz backen.
Herausnehmen, abtropfen lassen und auf einer mit Salatblättern ausgelegten Platte anrichten. Mit dem restlichen Käse bestreuen.
Beilagen: gebratene Bohnen (Seite 147), saure Sahne sowie eine Sauce

Variante:
Die Chiles chipotles in Essig durch Chiles jalapeños oder Pfefferschoten ersetzen.

Enchiladas mit Huhn
Enchiladas con Pollo

für 6 Personen

24 kleine Maistortillas (Seite 119)
1 Huhn
500 g Kartoffeln
5 Chiles anchos
1 Tomate
4 Zwiebeln
1 Knoblauchzehe
200 g Schnittkäse (Tilsiter, Edamer)
2 eingelegte Möhren
100 g Schweineschmalz oder Öl
Salatblätter
3 Chiles jalapeños

◆ Das Huhn säubern und kochen. Die Kartoffeln schälen und kochen.
Währenddessen die Chiles anchos öffnen, Samen und Venen entfernen, die Chilis in warmem Wasser einweichen. Die Tomate häuten und mit Chilis, einer Zwiebel und Knoblauch im Mixer pürieren. Die restlichen Zwiebeln hacken. Den Käse reiben. Die Möhren in Scheiben schneiden.
Das Huhn in Stücke zerteilen und kurz in Schmalz braten, herausnehmen und warm stellen. Die Kartoffeln würfeln und anbraten.
In einer kleinen Pfanne mit hohem Rand Schmalz erhitzen. Die Tortillas durch die Chilisauce ziehen und einzeln darin backen – sie dürfen nicht hart werden. Herausnehmen und abtropfen lassen. Mit Zwiebeln und Käse belegen, zusammenrollen und auf einer mit Salatblättern ausgelegten Platte anrichten. Mit Kartoffeln umgeben, mit dem restlichen Käse, Zwiebeln, Möhren und Chiles jalapeños bedecken. Das Huhn getrennt dazu servieren.
Beilagen: gebratene Bohnen (Seite 147), Guacamole (Seite 72) und eine scharfe Sauce

Enchiladas Estilo Pachuca

für 6 Personen

20 kleine Maistortillas
(Seite 119)
1 Hühnerbrust
5 Chiles poblanos
1 Zwiebel
100 g geschälte Erdnüsse
oder Erdnußbutter
30 g Weißbrot
1/8 l Milch
250 g Schweineschmalz
oder Öl
1/8 l Sahne
150 g frischer Käse
Salatblätter
1 Bund Radieschen

◆ Das Fleisch waschen und in wenig Wasser kochen.
Währenddessen die Chilis rösten, bis die Haut Blasen wirft. Für 5 Minuten in eine Plastiktüte geben, dann die Haut abziehen. Öffnen, Samen und Venen entfernen. Mit der Zwiebel im Mixer mahlen. Die Erdnüsse mahlen. Das Brot in etwas Milch einweichen.
1 EL Schmalz erhitzen und die Chilisauce darin anbraten. Erdnüsse und Brot unterrühren. Die restliche Milch und Sahne zugießen, salzen und alles köcheln, bis die Sauce eindickt.
Das Fleisch herausnehmen und zerpflücken.
Schmalz erhitzen und die Tortillas darin kurz backen. Durch die Sauce ziehen, mit etwas Käse und Huhn belegen. Zusammenrollen und auf einer mit Salatblättern ausgelegten Platte anrichten. Mit Sauce übergießen, mit dem restlichen Käse bestreuen, mit Radieschenscheiben garnieren.
Beilage: gebratene Bohnen (Seite 147)

Kartoffel-Tacos
Tacos de Papa

für 8-10 Personen

30 kleine Maistortillas
(Seite 119)
500 g Kartoffeln
1 Salat
1/8 l Öl
1/2 Tasse Crème fraîche
nach Geschmack:
Chilis in Essig

für die Sauce:
2 Tomaten
2 EL Öl
1 gehackte Zwiebel
2 gehackte Knoblauchzehen
1 EL Oregano

◆ Kartoffeln schälen, kochen und pürieren. Den Salat zerpflücken.
Die Tortillas mit dem Püree belegen und zusammenrollen. Öl erhitzen und die Tacos darin goldbraun backen.
Währenddessen für die Sauce die Tomaten häuten und kleinschneiden. Öl erhitzen, Zwiebel, Knoblauch und Tomaten darin anbraten, mit Oregano und Salz würzen.
Die Tacos auf einer Platte anrichten und mit Sauce übergießen. Mit Salat, Crème fraîche und Chilis garnieren.

Dorf in Michoacán: Backen von Brot in einem Holzofen

Dorf in Michoacán: Indianerinnen wickeln *Corundas* in Maisblätter ein

Oaxaca: Auf dem Markt

Nopales

Chayotes

Chorizo-Tacos
Tacos de Chorizo

für 8 Personen

24 Maistortillas (Seite 119)
2 Tassen Bohnen
2 Chorizos (Seite 96)
Schweineschmalz oder Öl
2 gehackte Zwiebeln
250 g geriebener Käse

◆ Die Bohnen kochen und im Mixer pürieren. Die Chorizos pellen und kleinschneiden.
Etwas Schmalz erhitzen und die Zwiebeln darin glasig werden lassen. Die Chorizos beifügen und anbraten. Herausnehmen und zur Seite legen. Das Bohnenpüree im gleichen Fett anbraten. Salzen und unter ständigem Rühren köcheln.
Schmalz erhitzen und die Tortillas darin kurz backen. Herausnehmen, abtropfen lassen und durch das Bohnenpüree ziehen. Mit Chorizos belegen und zusammenrollen. Auf einem Teller anrichten, mit Käse bestreuen. Heiß servieren.

Hühner-Tacos
Tacos de Pollo

für 4 Personen

12 kleine Maistortillas (Seite 119)
1 Hühnerbrust
3 grüne Tomaten
3 Chiles serranos
1 Avocado
1 Limone
1 EL gehackte Zwiebel
1 gehackter frischer Korianderzweig
1 Salat
Öl
frischer Käse
1/2 Tasse Crème fraîche

◆ Das Fleisch waschen und in wenig Wasser kochen.
Währenddessen die Tomaten in wenig Wasser leicht kochen, anschließend kleinschneiden. Chilis hacken. Die Avocado halbieren und entkernen, das Fruchtfleisch aus der Schale heben und mit einer Gabel zerdrücken. Mit einigen Tropfen Limonensaft beträufeln, Tomaten, Chilis, Zwiebel und Koriander untermischen. Den Salat zerpflücken.
Das Fleisch zerteilen. Die Tortillas aufwärmen, mit dem Fleisch belegen und zusammenrollen. Mit einem hölzernen Zahnstocher schließen.
Öl erhitzen und die Tacos darin goldbraun backen. Herausnehmen, abtropfen lassen und auf einer Platte anrichten. Avocado-Sauce, zerbröckelten Käse und Crème fraîche darübergeben, mit Salat garnieren.

Hackfleisch-Tacos
Tacos de Carne Molida

für 4 Personen

12 Maistortillas (Seite 119)
10 grüne Tomaten
1/2 Zwiebel
1 EL gehackter frischer Koriander
Schweineschmalz oder Öl
250 g Hackfleisch
1-2 gehackte Yerbabuena-Blätter
Oregano
10 gehackte Oliven
4 gehackte Kapern

◆ Die Tomaten in wenig Wasser leicht kochen. Mit Zwiebel und Koriander im Mixer pürieren. Schmalz erhitzen und das Hackfleisch darin anbraten. Das Tomatenpüree zugeben, köcheln. Mit Yerbabuena, Oregano und Salz würzen. Oliven und Kapern zufügen, weiter kochen.
Die Tortillas aufwärmen, mit der Füllung belegen, zusammenrollen und mit einem hölzernen Zahnstocher schließen. Schmalz erhitzen und die Tacos darin knusprig backen.

Rindfleisch-Tacos
Taquitos de Carne de Res

für 4 Personen

12 Maistortillas (Seite 119)
500 g Rindfleisch
1/2 Tasse Öl
1 gehackte Zwiebel
1/2 Tasse Crème fraîche
frischer Käse

für die Sauce:
2 Tomaten
3 Chiles serranos
2 EL Öl
1 gehackte Zwiebel

◆ Das Fleisch waschen und in Salzwasser kochen. Währenddessen für die Sauce die Tomaten häuten und kleinschneiden, die Chilis hacken. Öl erhitzen, Zwiebel, Tomaten und Chilis darin dünsten. Mit Pfeffer und Salz würzen.
Das Fleisch zerpflücken. 2 EL Öl erhitzen und die Zwiebel darin bräunen. Das Fleisch zugeben und schmoren.
Das restliche Öl erhitzen und die Tortillas darin kurz backen. Mit dem Fleisch belegen und zusammenrollen. Auf einer Platte anrichten, mit Sauce und Crème fraîche übergießen, mit zerbröckeltem Käse bestreuen.

Krabben-Tacos
Tacos de Camarón Fresco

für 6 Personen

24 Maistortillas (Seite 119)
450 g frische Krabben
250 g rote Tomaten
175 g Schweineschmalz
und Öl
250 g grüne Tomaten
1 gehackte Zwiebel
2 eingelegte Möhren
3 Chilis in Essig
75 g frischer Käse
Perlzwiebeln
Salatblätter

◆ Die Krabben säubern und in Salzwasser kochen, anschließend schälen und in kleine Stücke schneiden. Die roten Tomaten kleinschneiden. 2 EL Schmalz erhitzen und die grünen Tomaten darin anbraten, im Mixer pürieren.
1 EL Schmalz erhitzen und die Zwiebel darin bräunen. Rote Tomaten und Krabben zugeben, pfeffern und salzen. Die Mischung köcheln, bis sie eindickt.
Währenddessen die Möhren in Scheiben, die Chilis in Streifen schneiden.
Schmalz erhitzen und die Tortillas kurz darin backen. Durch das Tomatenpüree ziehen, mit der Krabben-Mischung belegen und zusammenrollen. Auf einer Platte anrichten, mit geriebenem Käse bestreuen, mit Perlzwiebeln, Möhren, Chilis und Salatblättern garnieren.

Gemischte Tostadas
Tostadas Compuestas

für 4 Personen

12 Tostadas
2 Hühnerbrüste
1 Tasse gebratene rote
Bohnen (Seite 147)
1 Salat
2 gekochte Kartoffeln
Essig
Öl
1 Tasse Guacamole (Seite 72)
geriebener Parmesan
Chiles chipotles

◆ Das Fleisch waschen und in wenig Wasser kochen.
Währenddessen die Tostadas mit den Bohnen bestreichen. Den Salat zerpflücken, mit den gekneteten Kartoffeln mischen, mit etwas Essig und Öl beträufeln. Die Tostadas damit belegen.
Das Fleisch zerpflücken und mit etwas Guacamole daraufgeben. Mit Käse bestreuen. Die Chilis in Streifen schneiden, darauflegen oder getrennt reichen.

Bohnen-Tostadas
Tostadas de Frijol

für 4 Personen

12 Tostadas
1 große Avocado
1 Chile chipotle aus der Dose
Schweineschmalz
3 Tassen gekochte schwarze Bohnen
1 Rahmkäse in Würfeln
1 große, gehackte Zwiebel

◆ Avocado und Chili in Streifen schneiden.
Schmalz erhitzen und die Bohnen darin anbraten. Den Käse zugeben und aufwärmen – nicht kochen.
Die Tostadas mit der Mischung bestreichen. Mit Zwiebel bestreuen, mit Avocado und Chili belegen.

Tostadas mit Huhn
Tostadas de Pollo

für 4 Personen

12 Tostadas
1 1/2 Hühnerbrüste
1 Zwiebel
2 Knoblauchzehen
1 Chorizo (Seite 96)
2 EL Schweineschmalz oder Öl
1 Tasse gebratene Bohnen (Seite 147)
2 Tassen feingeschnittener Salat
12 Scheiben Avocado
12 feine Scheiben Tomate
12 EL Crème fraîche
12 Streifen Chile jalapeño

◆ Das Fleisch waschen. Mit Zwiebel und Knoblauchzehen in wenig Salzwasser kochen.
Währenddessen die Chorizo pellen, kleinschneiden und in etwas Schmalz anbraten.
Das Fleisch in der Brühe erkalten lassen, anschließend zerpflücken. Die Tostadas mit den Bohnen bestreichen, mit Fleisch, Chorizo, Salat, je einer Avocado- und Tomatenscheibe sowie 1 EL Crème fraîche belegen. Mit einem Chilistreifen garnieren und etwas salzen.

Tamales mit Huhn
Tamales de Gallina

3 Stunden Vorbereitungs- und Kochzeit
für etwa 20 Stück

1 kg weißer Mais
2 EL Kalk
grüne Tomaten
350 g Schweineschmalz
1/2 l Hühnerbrühe
Maisblätter

für die Füllung:
1 Huhn
250 g Chiles anchos
50 g Chile cascabel
2 Zwiebeln
6 Knoblauchzehen
1/2 TL gemahlener Kümmel
40 g Schweineschmalz

◆ Für die Füllung das Huhn säubern und kochen. Währenddessen die Chilis leicht rösten und öffnen, Samen und Venen entfernen. Die Chilis in warmem Wasser einweichen. Mit Zwiebeln, Knoblauch und Kümmel im Mixer mahlen. Schmalz erhitzen und die Mischung darin anbraten. Mit Pfeffer und Salz würzen, etwas köcheln. Das Huhn in Stücke zerteilen.
Die Maiskörner in Kalkwasser kochen, bis man die Schalen durch Reiben der Finger lösen kann. Abkühlen lassen und gründlich waschen. Die harten Körnerenden entfernen. Grob mahlen und auf einem Tuch zum Trocknen ausbreiten.
Die Tomaten häuten und im Mixer pürieren, so daß sich 1/8 l ergibt. Durch ein Sieb streichen.
Den Mais in eine Schüssel geben, das Schmalz erhitzen und zugießen. Tomaten, Brühe und Salz zugeben und alles zu einem lockeren Teig kneten, der im Wasser schwimmt.
Die Maisblätter in Wasser einweichen. Herausnehmen und gut abtropfen lassen. 1 EL Teig auf der unteren Hälfte jedes Blattes verteilen, Fleisch zugeben, mit 1 EL Sauce übergießen. Das Maisblatt zusammenfalten, verschließen und so im Topf plazieren, daß die Öffnungen nach oben zeigen. Zwei Stunden in Wasserdampf garen.

Varianten:
▷ Statt der Maisblätter Baumwoll- oder Leinentücher nehmen.
▷ Weißen Mais und Kalk durch Maismehl für Tamales ersetzen.

Tamales mit Chili und Käse

Tamales de Rajas y Queso

2 Stunden Vorbereitungs- und Kochzeit
für 12-16 Stück

4 Tassen Maismehl für Tortillas
250 g Butter
1/4 l Milch
1 EL Backpulver
Maisblätter
300 g frischer Käse

für die Füllung:
500 g Chiles poblanos
200 g Tomaten
50 g Schweineschmalz
1 gehackte Zwiebel

◆ Maismehl und 2 1/2 Tassen warmes Wasser vermischen und zu einem Teig kneten. Eine Weile ruhen lassen. Die Butter cremig schlagen, mit Milch und 1 EL Salz nach und nach dem Teig zugeben. Zuletzt Backpulver hineinstreuen und alles zu einem lockeren Teig rühren, der im Wasser schwimmt.
Für die Füllung die Chilis rösten, bis die Haut Blasen wirft. Für 5 Minuten in eine Plastiktüte geben, dann die Haut abziehen. Öffnen, Samen und Venen entfernen, die Chilis in Streifen schneiden. Die Tomaten kleinschneiden. Schmalz erhitzen und die Chilis darin weich kochen, Zwiebel und Tomaten zufügen.
Die Maisblätter in Wasser einweichen. Herausnehmen und gut abtropfen lassen. 1 EL Teig auf der unteren Hälfte jedes Blattes verteilen, Chili und Käse zugeben. Das Maisblatt zusammenfalten, verschließen und so im Topf plazieren, daß die Öffnungen nach oben zeigen. Eine Stunde in Wasserdampf garen, bis sich das Blatt vom Teig löst.
Beilage: süßer Atole (Seite 197)

Variante:
Statt der Maisblätter Baumwoll- oder Leinentücher nehmen. In diesem Fall eine Kugel formen, sie halb öffnen, mit Chilistreifen und Käse füllen und wieder verschließen.

◆ Für die Füllung Schmalz erhitzen, Zwiebel und Knoblauch darin bräunen. Hackfleisch zugeben und braten. Die Tomaten häuten und im Mixer pürieren. Durch ein Sieb streichen und dem Fleisch zugeben. Rosinen und Mandeln zufügen, pfeffern und salzen. Köcheln, bis die Mischung eindickt.
Für die Sauce die Tomaten häuten und kleinschneiden. Die Chilis rösten, bis die Haut Blasen wirft. Für 5 Minuten in eine Plastiktüte geben, dann die Haut abziehen. Öffnen, Samen und Venen entfernen, die Chilis in Würfel schneiden. Schmalz erhitzen und die Zwiebel darin bräunen. Chilis zugeben und anbraten. Tomaten beifügen, köcheln und salzen.
Maismehl, Schmalz, Käse und Salz miteinander vermischen und zu einem Teig kneten. Zu einem Rechteck ausrollen und mit der Füllung belegen. Zusammenrollen, in 2 cm dicke Scheiben schneiden und in die Spinatblätter einwickeln. Eine Stunde in Wasserdampf garen.
Mit der Sauce und Käse servieren.

Spinat-Tamales
Tamales de Espinacas

2 Stunden Vorbereitungs- und Kochzeit
für etwa 20 Stück

600 g Maismehl für Tortillas
225 g Schweineschmalz
100 g geriebener Parmesan
große Spinatblätter
100 g frischer Käse

für die Füllung:
40 g Schweineschmalz oder Öl
1 gehackte Zwiebel
1 gehackte Knoblauchzehe
500 g Hackfleisch vom Schwein
300 g Tomaten
50 g Rosinen
50 g gehackte Mandeln

für die Sauce:
500 g Tomaten
4 Chiles poblanos
30 g Schweineschmalz oder Öl
1 gehackte Zwiebel

Corundas

für 14 Stück

400 g Maismehl
50 g Weizenmehl
50 g Schweineschmalz
Maisblätter

◆ Mais- und Weizenmehl miteinander vermischen. Schmalz erwärmen und zugeben. Nach und nach 1 1/4 Tassen Wasser zugießen und alles zu einem lockeren Teig kneten. Salzen. Eine Weile ruhen lassen.
In 14 gleich große Kugeln formen. In Maisblätter einwickeln und in einen Topf geben. Etwa 20 Minuten in Wasserdampf garen, bis sich die Corundas elastisch anfühlen.
Beilage: Churipu (Seite 88)

Variante:
Statt der Bananenblätter Baumwoll- oder Leinentücher verwenden – oder Pergamentpapier, das aber nicht mit dem Wasser in Berührung kommen darf.

Corundas mit Bohnen
Corundas de Frijol

für 16 Stück

2 Dosen braune Bohnen
400 g Maismehl
50 g Weizenmehl
50 g Schweineschmalz

Pergamentpapier

◆ Die Bohnen weich kochen und durch ein Sieb streichen – die Masse sollte möglichst trocken sein. Salzen.
Mais- und Weizenmehl miteinander vermischen. Schmalz erwärmen und zugeben. Nach und nach 1 1/4 Tassen Wasser zugießen und alles zu einem lockeren Teig kneten. Salzen.
Ein feuchtes Geschirrtuch auf dem Tisch ausbreiten. Den Teig 1 cm dick am unteren Rand des Tuches verteilen. Mit der Bohnenmasse bestreichen. Den Teig mit Hilfe des Tuches zu einer flachen Roulade rollen und in 16 Scheiben schneiden. Jede Scheibe in Pergamentpapier einwickeln. In einen Topf geben und etwa 20 Minuten in Wasserdampf garen, bis sich die Corundas elastisch anfühlen.

Süße Uchepos
Uchepos Dulces

für 4-6 Personen

12 frische Maiskolben
Milch
50 g Butter
1 TL Backpulver
200 g Zucker

◆ Die Blätter der Maiskolben lösen und zur Seite legen. Die Maiskolben entkörnen und die Körner mit etwas Milch im Mixer pürieren. Butter zerlassen und untermengen. Backpulver, Zucker und Salz zufügen.
1 bis 2 EL Teig auf der unteren Hälfte jedes Blattes verteilen. Das Maisblatt zusammenfalten, verschließen und so im Topf plazieren, daß die Öffnungen nach oben zeigen. 75 Minuten in Wasserdampf garen.

Variante:
Statt der Maisblätter Baumwoll- oder Leinentücher nehmen.

Tamal aus der Schüssel
Tamal de Cazuela

3 Stunden Vorbereitungs- und Kochzeit
für 6 Personen

500 g Maismehl für Tamales
1 TL Backpulver
200 g Schweineschmalz

für die Füllung:
400 g Tomaten
nach Geschmack:
Chile piquín
1 kleine, gehackte Zwiebel
1 gehackte Knoblauchzehe
Schweineschmalz
300 g Schweinefleisch
12 gehackte Oliven
25 g Rosinen
30 g gehackte Mandeln

◆ Für die Füllung die Tomaten häuten und würfeln. Mit Chilis, Zwiebel und Knoblauch in etwas Wasser kochen. Im Mixer pürieren. 3 EL Schmalz erhitzen und das Tomatenpüree darin andünsten. Das Fleisch waschen und in Salzwasser kochen. Herausnehmen und kleinschneiden. Mit Oliven, Rosinen und Mandeln der Tomatensauce zugeben. $1^{1}/_{4}$ Tassen Brühe zugießen und kochen. Mit Salz abschmecken.
Maismehl und Backpulver miteinander vermengen. Schmalz zugeben und alles zu einem Teig kneten. Die Hälfte des Teigs in einer eingefetteten feuerfesten Form ausbreiten. Die Füllung darübergeben und mit dem Rest des Teiges bedecken. Die Form schließen und in einem Wasserbad in den Ofen stellen. Die Tamales anderthalb bis zwei Stunden garen.

Tamal aus der Schüssel mit Chili

Tamal de Cazuela con Chile

für 4 Personen

250 g Schweinefleisch
3 EL Schweineschmalz
2 Chiles anchos
1 gehackte Knoblauchzehe
1/4 TL gemahlener Kümmel
500 g Maismehl für Tortillas
2 TL Backpulver

◆ Das Fleisch waschen, trockentupfen und würfeln. 1 EL Schmalz erhitzen und das Fleisch darin anbraten. Die Chilis öffnen, Samen und Venen entfernen, die Chilis in warmem Wasser einweichen. Im Mixer mahlen und mit Knoblauch, Kümmel und Pfeffer dem Fleisch zufügen. Alles garen.
Maismehl, Backpulver und Salz miteinander vermischen. Das restliche Schmalz zugeben und alles zu einem Teig kneten. Das Fleisch untermengen. Die Masse in eine eingefettete feuerfeste Form geben und im Ofen bei 180° etwa 25 Minuten backen.
Beilage: süßer Atole (Seite 197)

Sopes

1 Stunde ruhen lassen
für 4 Personen

500 g Maismehl für Tortillas
Schweineschmalz
1 gehackte Zwiebel
4 Chorizos (Seite 96)
1 Kopfsalat
2 Tassen gebratene Bohnen (Seite 147)
150 g geriebener Parmesan

◆ Maismehl, Salz und warmes Wasser miteinander vermischen und zu einem gleichmäßigen Teig kneten. Eine Stunde ruhen lassen.
Währenddessen Schmalz erhitzen und die Zwiebel kurz darin bräunen. Die Chorizos pellen, kleinschneiden und ebenfalls anbraten. Den Salat zerpflücken.
Aus dem Teig dicke Tortillas formen, die Ränder etwas hochbiegen. Schmalz erhitzen und die Tortillas darin leicht backen. Herausnehmen, abtropfen lassen und auf einer Platte anrichten. Mit den Bohnen belegen, Zwiebel, Chorizos, Salat und Käse darübergeben. Heiß servieren.

Variante:
Die Chorizos durch Pilze ersetzen, die zuvor gedünstet werden.

Sopes mit Chiles Poblanos
Sopes Rajados

für 4 Personen

250 g Maismehl für Tortillas
100 g Weizenmehl
Schweineschmalz
100 g gebratene Bohnen (Seite 147)
75 g geriebener Parmesan

für die Sauce:
150 g Schweinefleisch
4 Chiles poblanos
400 g Tomaten
1 EL Schweineschmalz
1 gehackte Zwiebel

◆ Für die Sauce das Fleisch waschen, trockentupfen und würfeln. Die Chilis rösten, bis die Haut Blasen wirft. Für 5 Minuten in eine Plastiktüte geben, dann die Haut abziehen. Öffnen, Samen und Venen entfernen, die Chilis in feine Streifen schneiden. Die Tomaten häuten und im Mixer pürieren.
Schmalz erhitzen und das Fleisch darin braten. Zwiebel und Chilis zugeben. Das Fleisch mit dem Tomatenpüree ablöschen, pfeffern und salzen. Köcheln, bis die Sauce eindickt.
Mehl, Salz und 1 EL Schmalz miteinander vermischen. Nach und nach warmes Wasser zugießen und alles zu einem weichen Teig kneten. Dicke Tortillas formen, die Ränder etwas hochbiegen.
Schmalz erhitzen und die Tortillas darin leicht backen. Herausnehmen, abtropfen lassen und auf einer Platte anrichten. Mit den Bohnen belegen, die Sauce mit etwas Schmalz darübergeben, mit Käse bestreuen.

Schüsselchen
Cazuelitas

für 6-8 Personen

600 g Maismehl
750 g Kartoffeln
3 Chorizos (Seite 96)
250 g Schweineschmalz
1 Kopfsalat
3 TL Backpulver
100 g geriebener Parmesan

◆ Das Maismehl mit 2 Tassen warmem Wasser vermischen und zu einem Teig kneten. Die Kartoffeln mit Schale kochen.
Währenddessen die Chorizos pellen, kleinschneiden und in etwas Schmalz anbraten. Den Salat zerpflücken.
Die Kartoffeln schälen und pürieren. Mit dem Teig, Backpulver, etwas Käse und Salz vermischen und alles zu einem weichen Teig kneten. Dickere Tortillas formen, die Ränder hochbiegen.
Schmalz erhitzen und die Tortillas darin backen. Herausnehmen, abtropfen lassen und auf einer Platte anrichten. Mit Chorizos belegen, Salat darübergeben und mit Käse bestreuen.

Variante:
Die Tortillas statt der Chorizos mit gedünsteten Chilistreifen, Käse, Guacamole (Seite 72) oder gebratenen Bohnen (Seite 147) belegen. Immer mit Salat und Käse garnieren.

Schaluppe
Chalupas

für 4-6 Personen

12-20 ovale Maistortillas (Seite 119)
250 g Rindfleisch
1 Tasse schwarze Bohnen
Öl
1 Tomate
2 gehackte Zwiebeln
1 gehackte Knoblauchzehe
1 frischer Korianderzweig
1 Kopfsalat
geriebener Parmesan

◆ Das Fleisch waschen und in wenig Salzwasser kochen.
Währenddessen die Bohnen kochen und im Mixer pürieren. In reichlich Öl anbraten – das Püree soll leicht flüssig bleiben und nicht zu trocken werden. Die Tomate häuten, mit einer Zwiebel, Knoblauch und Koriander im Mixer pürieren. Den Salat zerpflücken.
Das Fleisch würfeln.
Öl erhitzen und die Tortillas kurz darin backen. Herausnehmen, abtropfen lassen und auf einer Platte anrichten. Mit der Bohnensauce bestreichen, Salat und Fleisch darauflegen, mit Käse und gehackter Zwiebel bestreuen. Zuletzt mit etwas Tomatenpüree übergießen.

Maisseufzer
Suspiros de Elote

für 4-6 Personen

8 frische Maiskolben
1/2 Tasse Mehl
1 EL Backpulver
2 Eigelb
1/2 Tasse Milch
3 Eiweiß
Schweineschmalz

◆ Die Maiskolben entkörnen und die Körner mahlen. Nach und nach Mehl, Backpulver, Pfeffer und Salz unterrühren. Die Masse mit dem Eigelb binden, Milch zugießen. Die Eiweiß steif schlagen und unter den Teig ziehen.
Reichlich Schmalz erhitzen und den Teig eßlöffelweise von beiden Seiten darin goldbraun backen. Herausnehmen, abtropfen lassen und auf Küchenpapier legen.

Frische Gorditas
Gorditas de Elote

für 6 Personen

10 frische Maiskolben
1 EL Backpulver

◆ Die Maiskolben entkörnen und die Körner fein mahlen. Das Backpulver untermengen und 1/4 TL Salz zugeben. Kleine dicke Tortillas formen und in einer fettfreien Pfanne bei schwacher Hitze von beiden Seiten goldbraun backen.

Variante:
Dem Teig 1/4 TL gemahlenen Zimt und nach Geschmack Zucker hinzufügen.

Tortilla-Suppe
Sopa de Tortilla

für 6 Personen

16 kleine Maistortillas (Seite 119)
100 g Schweineschmalz oder Öl
300 g Tomaten
1 kleine, gehackte Zwiebel
1 gehackte Knoblauchzehe
1 l Hühnerbrühe
2 EL gehackter frischer Koriander
100 g geriebener Parmesan
2 hartgekochte Eier
1 Chile pasilla

◆ Die Tortillas in Streifen schneiden und etwas trocknen lassen. Schmalz erhitzen und die Tortillas darin leicht backen. Aus der Pfanne nehmen und gut abtropfen lassen.
Die Tomaten häuten und kleinschneiden. Mit Zwiebel und Knoblauch in Schmalz anbraten. Köcheln, bis die Hälfte des Wassers verdampft ist. Brühe, Tortillas und Koriander zugeben, etwas köcheln. Salzen.
Vom Herd nehmen, die Hälfte des Käses unterrühren und in eine eingefettete Form geben. Mit dem restlichen Käse bestreuen und kurz im Ofen überbacken.
Die Eier in Scheiben schneiden, den Chili kleinschneiden und anbraten. Vor dem Servieren Eier und Chili über die Suppe geben.

Chilaquiles

für 4 Personen

12 Maistortillas (Seite 119)
3 große Tomaten
1 Zwiebel
2 Knoblauchzehen
Schweineschmalz
2 Chiles serranos
geriebener Parmesan

◆ Die Tomaten häuten, mit Zwiebel und Knoblauch im Mixer pürieren. Schmalz erhitzen und das Tomatenpüree darin andünsten. Die Chilis hacken und zugeben, köcheln.
Die Tortillas in kleine Stücke reißen und in Schmalz goldbraun backen. Herausnehmen, in die Tomatensauce geben und aufkochen.
Mit Käse bestreut servieren.

Chilaquiles mit Huhn
Chilaquiles con Pollo

für 4 Personen

16 Maistortillas (Seite 119)
1 Hühnerbrust
Öl
12 grüne Tomaten
3 Chiles serranos
1 Knoblauchzehe
1 frischer Korianderzweig
1 gehackte Zwiebel
frischer Käse

◆ Das Fleisch waschen und in Salzwasser kochen. Währenddessen die Tortillas in Quadrate schneiden und in Öl backen. Herausnehmen und abtropfen lassen.
Die Tomaten in wenig Wasser leicht kochen. Mit Chilis, Knoblauch und Koriander im Mixer pürieren. Etwas Hühnerbrühe zugießen. Die Sauce in einen Topf geben und aufkochen. Die Tortillas zugeben, den Topf schließen und kochen, bis die Sauce eindickt.
Das Huhn zerpflücken und über die Tortillas geben. Mit Zwiebel und zerbröckeltem Käse bestreuen.

◆ Für die Sauce die Chilis leicht rösten und öffnen, Samen und Venen entfernen. Die Chilis in warmem Wasser einweichen. Die Tomaten häuten, im Mixer pürieren und durch ein Sieb streichen. Chilis, Zwiebel, Knoblauch und Gewürze im Mixer mahlen. In Schmalz anbraten und – wenn die Masse trocken zu werden beginnt – das Tomatenpüree hinzufügen. Köcheln, bis die Sauce eindickt. Brühe, Zucker und Salz zugeben, weiter köcheln.
Die Tortillas kleinschneiden. Schmalz erhitzen und die Tortillas darin backen, ohne daß sie goldbraun werden.
Das Fleisch waschen und in wenig Wasser kochen, anschließend kleinschneiden. Die Tomaten mit Zwiebel und Knoblauch im Mixer pürieren. 1 EL Schmalz erhitzen und das Tomatenpüree darin andünsten. Fleisch, Rosinen und gehackte Oliven zugeben, mit Petersilie, Pfeffer und Salz, Essig und Zucker würzen. Ohne umzurühren köcheln, damit die Mischung etwas eintrocknet.
Eine feuerfeste Form mit Schmalz ausstreichen. Die Hälfte der Tortillas hineinlegen, die Mischung darübergeben und mit den restlichen Tortillas bedecken. Mit Sauce übergießen und im Ofen 30 Minuten backen.
Den zerbröckelten Käse dazu reichen.

Chilaquiles für Studenten
Chilaquiles de Estudiantes

für 6 Personen

750 g Maistortillas
(Seite 119)
Schweineschmalz
500 g Schweinefleisch
250 g Tomaten
1 Zwiebel
2 Knoblauchzehen
50 g Rosinen
100 g Oliven
1 EL gehackte Petersilie
1 EL Essig
1 EL Zucker
frischer Käse

für die Sauce:
250 g Chiles anchos
250 g Tomaten
1 Zwiebel
6 Knoblauchzehen
1 Zimtstange
2 Gewürznelken
4 Pfefferkörner
3 EL Schweineschmalz
1 l Fleischbrühe
2 EL Zucker

Geröstete Maiskolben
Elotes Asados

für 6 Personen

6 frische Maiskolben
gemahlener Chili
Limonen

◆ Die Blätter der Maiskolben entfernen. Die Kolben kurz in kaltes Wasser legen und dann sofort auf dem Holzgrill rösten, bis der Mais eine hellgelbe Farbe annimmt. Dabei ständig wenden. Vom Grill nehmen, nach Geschmack mit Chili und Salz bestreuen, mit Limonensaft beträufeln.

Pozole mit Maiskolben
Pozole de Elote

für 8 Personen

1 kg Schweinefleisch
12 frische Maiskolben
3 große Zwiebeln
3 Knoblauchzehen
5 Chiles serranos
1 Kopfsalat
4 Limonen

◆ Das Fleisch waschen, trockentupfen und würfeln. Salzen und etwa 30 Minuten kochen.
Die Blätter der Maiskolben entfernen, die Kolben in Scheiben schneiden und zum Fleisch geben. Eine Zwiebel, Knoblauch und Chilis im Mixer mahlen. Durch ein Sieb streichen, dem Fleisch beifügen und alles kochen, bis Fleisch und Mais gar sind.
Den Salat zerpflücken, die restlichen Zwiebeln hacken. Mit den Limonen getrennt dazu servieren.

Bohnen
Frijoles

Bohnen aus dem Topf

Frijoles de la Olla

am Vortag beginnen
für 6 Personen

2 Tassen Bohnen
2 Zwiebeln
2 Epazote-Zweige
3 Chiles serranos
1 Bund Koriander
300 g frischer Käse

◆ Die Bohnen säubern und über Nacht in kaltem Wasser einweichen.
Am nächsten Tag in 4 l Wasser mit einer Zwiebel kochen. Vom Herd nehmen, Epazote-Zweige und Salz zugeben.
Die zweite Zwiebel, Chilis und Koriander fein hacken, den Käse zerbröckeln. Alles getrennt auf einem Teller anrichten und zu den Bohnen reichen.

Gebratene Bohnen

Frijoles Refritos

für 6 Personen

3 Tassen Bohnen
1 Zwiebel
2 EL Schweineschmalz oder Öl
300 g frischer Käse

◆ Die Bohnen kochen.
Ein Stück Zwiebel abschneiden, den Rest fein hacken. In einem Topf Schmalz erhitzen und das Zwiebelstück darin schwarz braten. Herausnehmen und 3 EL Bohnen hineingeben. Die gehackte Zwiebel hinzufügen und durch kräftiges Umrühren die Bohnen zerdrücken. Hat sich eine sämige Masse gebildet, nach und nach weitere Bohnen mit insgesamt 1 1/2 Tassen Brühe zufügen und zerdrücken. Mit Salz abschmecken.
Mit Käse servieren.

Betrunkene Bohnen
Frijoles Borrachos

am Vortag beginnen
für 8 Personen

500 g Bohnen
Schweineschmalz oder Öl
3 Zwiebeln
100 g Schweinebauch
500 g Tomaten
2-3 Chiles serranos
oder Chiles jalapeños
2 Knoblauchzehen
1 EL gehackter frischer
Koriander
Oregano
1 Flasche helles Bier

◆ Die Bohnen über Nacht einweichen.
Am nächsten Tag etwas Schmalz erhitzen, die Bohnen mit Einweichwasser und einer ganzen Zwiebel darin kochen. Das Fleisch in feine Streifen schneiden, zufügen und alles kochen, bis die Bohnen weich sind. Dabei immer wieder umrühren. Mit Salz abschmecken.
Die Tomaten häuten, Chilis, restliche Zwiebeln und Knoblauch fein hacken. In einem großen Topf 2 bis 3 EL Schmalz erhitzen und alles darin anbraten. Mit Koriander und Oregano abschmecken. Die Bohnen beimengen und köcheln. Vor dem Servieren Bier zugießen und umrühren.

Gewürzte Bohnen
Frijoles Sazonados

für 6 Personen

1 Topf gekochte Bohnen
(Seite 147)
2 EL Schweineschmalz
oder Öl
1 kleine, gehackte Zwiebel
8 gehackte Knoblauchzehen
1 Chorizo (Seite 96)

◆ In einem Topf Schmalz erhitzen, Zwiebel und Knoblauch darin leicht bräunen. Die Chorizo pellen, kleinschneiden, zugeben und anbraten. Bohnen mit etwas Brühe hinzufügen und kochen. Zuletzt die Brühe abgießen und die Bohnen köcheln, bis sie eindicken.

Variante:
Die Chorizo durch 150 g gewürfelten Speck ersetzen.

Bohnen mit Schwein
Frijoles con Puerco

am Vortag beginnen
für 8 Personen

500 g Bohnen
500 g Schweinefleisch
250 g Tomaten
2 Chiles serranos
1 Zwiebel
2 Limonen
1 Bund Radieschen
1/2 Bund Koriander

◆ Die Bohnen säubern und über Nacht in kaltem Wasser einweichen.
Am nächsten Tag in reichlich Wasser kochen. Das Fleisch waschen, trockentupfen und würfeln. Kurz vor Ende der Kochzeit den Bohnen zugeben, salzen. Ist das Fleisch gar, herausnehmen und die Bohnen weich kochen.
Die Tomaten häuten und eine Chili rösten. Beides mit einer halben Zwiebel und Salz im Mixer pürieren. Püree und Fleisch mit den Bohnen verrühren.
Die Limonen und den zweiten Chili in Scheiben schneiden. Die restliche Zwiebelhälfte, Radieschen und Koriander fein hacken, mischen und in die Mitte eines Tellers geben. Mit Limonen- und Chilischeiben umgeben. Zu den Bohnen servieren.

Bohnen-Reis
Arroz con Frijoles

für 4 Personen

1 Tasse schwarze Bohnen
1 Tasse Reis
3 Chiles poblanos
100 g geriebener Parmesan
1/4 l Crème fraîche
50 g Butter

◆ Die Bohnen in reichlich Wasser kochen. Den Reis kochen. Die Chilis rösten, bis die Haut Blasen wirft. Für 5 Minuten in eine Plastiktüte geben, dann die Haut abziehen. Öffnen, Samen und Venen entfernen, die Chilis in Streifen schneiden.
Den Boden einer feuerfesten Form mit dem Reis auslegen, die mit 1/2 Tasse Brühe vermischten Bohnen sowie die Chilistreifen daraufschichten, pfeffern und salzen. Nacheinander Käse, Crème fraîche, nochmals Käse und Butterstückchen darübergeben. Im Ofen bei 200° goldbraun überbacken.

Bohnen-Brötchen
Molletes de Frijol

für 6 Personen

1 Tasse gebratene Bohnen (Seite 147)
6 Brötchen
40 g Butter
geriebener Parmesan
1 Avocado
1 Tomate
1 kleine, gehackte Zwiebel
4 EL gehackter frischer Koriander

◆ Die Brötchen halbieren und etwas aushöhlen. Mit Butter bestreichen und mit den Bohnen füllen. Käse darüberstreuen. Im Ofen bei mittlerer Hitze etwa 10 Minuten überbacken.
Währenddessen die Avocado halbieren und entkernen, das Fruchtfleisch aus der Schale heben und mit einer Gabel zerdrücken. Die Tomate kleinschneiden, mit Avocado, Zwiebel und Koriander vermischen. Auf oder zu den Brötchen servieren.

Variante:
Der Avocado-Tomaten-Mischung gehackten Chile serrano zugeben.

Gemüse
Verduras

Dicke Bohnen in Ei
Habas con Huevo

3 Stunden Vorbereitungs- und Kochzeit
für 6 Personen

3 Tassen dicke Bohnen
2 Tomaten
1 kleine, gehackte Zwiebel
1 gehackte Knoblauchzehe
Öl
2 Yerbabuena-Blätter
2 Eier

◆ Die Bohnen zwei Stunden einweichen, häuten und weich kochen.
Währenddessen Tomaten, Zwiebel und Knoblauch im Mixer pürieren. Öl erhitzen und das Tomatenpüree darin andünsten, bis es eindickt. Bohnen und Yerbabuena-Blätter zugeben. Die Eier verschlagen und unterrühren, sobald die Bohnen aufkochen. Wenn die Eier stocken, pfeffern und salzen.

Gebratene dicke Bohnen
Habas Fritas

3 Stunden Vorbereitungs- und Kochzeit
für 4 Personen

2 Tassen dicke Bohnen
2 große Tomaten
1 große, gehackte Zwiebel
Schweineschmalz oder Öl

◆ Die Bohnen zwei Stunden einweichen, häuten und weich kochen.
Währenddessen Tomaten und Zwiebel im Mixer pürieren. Schmalz erhitzen und das Tomatenpüree darin andünsten, bis die Tomaten gar sind. Die Bohnen ohne Wasser zugeben und kurz köcheln.

Grüne Bohnen
Chul de Frijol Verde

für 4 Personen

500 g grüne Bohnen
2 frische Maiskolben
1 Epazote-Zweig
125 g Schweineschmalz oder Öl
100 g geschälte Kürbissamen

◆ Die Maiskolben entkörnen, die Körner mit etwas Wasser im Mixer pürieren. Durch ein großes Sieb streichen und zur Seite stellen.
Die Bohnen putzen, halbieren oder dritteln. In 3 Tassen Wasser mit dem Epazote-Zweig und Salz weich kochen, bis das Wasser zur Hälfte verdampft ist. Maispüree und Schmalz zugeben, unter ständigem Rühren kochen und eindicken.
In einer Schüssel servieren und mit gemahlenen Kürbissamen bestreuen.

Erbsen in Ei
Chícharos con Huevo

für 6 Personen

750 g Erbsen
3 Scheiben Weißbrot
Schweineschmalz oder Öl
1 gehackte Zwiebel
Gewürznelkenpulver
3 Eigelb

◆ Die Erbsen in etwas Salzwasser kochen. Das Brot in Schmalz rösten und in kleine Stücke brechen. Sind die Erbsen weich, ein Drittel mit dem Brot im Mixer pürieren.
100 g Schmalz erhitzen und die Zwiebel darin glasig werden lassen. Das Püree zugeben und köcheln, etwas Wasser zugießen. Die restlichen Erbsen unterrühren, mit Nelken, Pfeffer und Salz würzen. Kochen, bis die Masse eindickt.
Den Topf vom Herd nehmen. Das Eigelb leicht schlagen, unterziehen und bei schwacher Hitze stocken lassen.

Gebratene Kartoffeln
Papas Fritas

für 4 Personen

8 Kartoffeln
1 große Zwiebel
2 EL Schweineschmalz
oder Öl
4 Tomaten
1 Chile serrano
1 EL gehackter Epazote

◆ Die Kartoffeln schälen und in Scheiben schneiden. Ein Stück Zwiebel abschneiden, den Rest in Ringe schneiden. In einem Topf Schmalz erhitzen und das Zwiebelstück darin schwarz braten. Herausnehmen, Kartoffeln und Zwiebelringe hineingeben.
Die Tomaten häuten, mit Chili und Epazote im Mixer pürieren. Wenn Kartoffeln und Zwiebel goldbraun sind, mit dem Tomatenpüree ablöschen und salzen. Köcheln, bis die Kartoffeln gar sind.

Überbackene Kartoffeln
Papas Estofadas

2 Stunden Vorbereitungs- und Kochzeit
für 6 Personen

1 kg Kartoffeln
500 g Tomaten
6 dünne Peperoni
2 Gewürznelken
1 Lorbeerblatt
50 g Schweineschmalz
oder Öl
100 g gehackte Zwiebeln
2 gehackte Knoblauchzehen
100 g geriebener Parmesan

◆ Tomaten mit Peperoni, Nelken, Lorbeerblatt und Salz in 1 Tasse Wasser 30 Minuten kochen. Durch ein Sieb streichen.
Schmalz erhitzen, Zwiebeln und Knoblauch darin bräunen. Das Tomatenpüree zufügen, kochen und erneut durch ein Sieb passieren.
Die Kartoffeln schälen und in runde Scheiben schneiden. In eine feuerfeste Form legen, mit der Tomatensauce übergießen. Mit Käse bestreuen und im mäßig warmen Ofen anderthalb Stunden überbacken.

Kartoffeln mit Chile Poblano
Papas con Chile Poblano

für 4 Personen

750 g Kartoffeln
500 g Schweinefleisch
1 Knoblauchzehe
4 Chiles poblanos
1 Zwiebel
50 g Schweineschmalz
oder Öl

◆ Das Fleisch waschen, trockentupfen und würfeln. Mit der Knoblauchzehe in 1/2 l Wasser kochen. Währenddessen die Chilis rösten, bis die Haut Blasen wirft. Für 5 Minuten in eine Plastiktüte geben, dann die Haut abziehen. Öffnen, Samen und Venen entfernen, die Chilis in Streifen schneiden. Die Kartoffeln schälen und vierteln, die Zwiebel in Ringe schneiden.
Schmalz erhitzen, Zwiebelringe, Chilis und Kartoffeln darin anbraten. Das Fleisch mit Brühe zugeben und alles kochen, bis die Kartoffeln gar sind.

Grünes Blattgemüse mit Chile Chipotle
Verdolagas con Chile Chipotle

für 4 Personen

750 g grünes Blattgemüse
1-2 Chiles chipotles
aus der Dose
3 EL Öl
1 gehackte Zwiebel
2 gehackte Knoblauchzehen
250 g gekochter, gewürfelter
Schweinegulasch

◆ Das Gemüse in etwas Salzwasser weich dämpfen. Herausnehmen, abtropfen lassen und kleinschneiden. Die Chilis ebenfalls kleinschneiden.
In einem Topf Öl erhitzen, Zwiebel, Knoblauch, Chilis sowie das Fleisch zugeben und anbraten, bis die Zwiebel gar ist. Das Gemüse untermischen, pfeffern und salzen, nochmals aufkochen.

Mangold mit Kartoffeln und Kichererbsen

Acelgas con Papas y Garbanzo

für 6 Personen

750 g Mangold
6 kleine Kartoffeln
1 Tasse Kichererbsen
3 Tomaten
3 EL Schweineschmalz oder Öl
1 gehackte Zwiebel
1 gehackte Knoblauchzehe
1/2 TL gemahlene Chiles piquín
1 Tasse saure Sahne
Zucker
geriebener Parmesan

◆ Die Kartoffeln kochen und schälen. Die Kichererbsen kochen. Den Mangold in etwas Salzwasser weich dämpfen. Herausnehmen, abtropfen lassen und kleinschneiden. Die Tomaten häuten und kleinschneiden.
In einem Topf Schmalz erhitzen, Zwiebel und Knoblauch darin glasig werden lassen. Tomaten und Chilis zufügen und köcheln, bis die Sauce eindickt, dabei gelegentlich umrühren.
Saure Sahne unterziehen, eine Prise Zucker, Pfeffer und Salz zugeben. Kartoffeln, Kichererbsen und Mangold unterrühren, nochmals aufwärmen. Mit Käse bestreut servieren.

Mangold in Creme

Acelgas con Crema

für 6 Personen

750 g Mangold
3 Chiles poblanos
2 EL Butter
1 kleine, gehackte Zwiebel
1 Tasse saure Sahne

◆ Den Mangold in etwas Salzwasser weich dämpfen. Herausnehmen, abtropfen lassen und kleinschneiden.
Die Chilis rösten, bis die Haut Blasen wirft. Für 5 Minuten in eine Plastiktüte geben, dann die Haut abziehen. Öffnen, Samen und Venen entfernen, die Chilis im Mixer mahlen.
In einem Topf Butter erhitzen und die Zwiebel darin glasig werden lassen. Die Chilis zugeben und bei schwacher Hitze 3 bis 4 Minuten kochen. Mangold zufügen, pfeffern und salzen. Saure Sahne unterziehen und alles nochmals aufwärmen, ohne zu kochen.

Varianten:
▷ Statt der Chiles poblanos Paprika verwenden, die vor dem Pürieren gekocht werden.
▷ Den Mangold durch Spinat ersetzen.

Nopales in Tomate
Nopales en Salsa de Jitomate

für 4-6 Personen

1 Glas Nopales
1 Chile ancho
3 Tomaten
1 Zwiebel
2 EL Schweineschmalz oder Öl
1 EL Mehl
1 EL gehackter frischer Koriander

◆ Die Nopales waschen und in Würfel schneiden. Den Chili öffnen, Samen und Venen entfernen, den Chili in warmem Wasser einweichen. Die Tomaten häuten, mit Chili und etwas Salz im Mixer pürieren. Wenn nötig, etwas heißes Wasser zugießen.
Ein Stück Zwiebel abschneiden, den Rest hacken. In einem Topf Schmalz erhitzen und das Zwiebelstück darin schwarz braten. Herausnehmen und das Mehl einrühren. Mit dem Tomatenpüree ablöschen, mit etwas Wasser verdünnen, gehackte Zwiebel und Koriander zugeben. Die Nopales beifügen und aufwärmen.

Nopales mit Käse
Nopales con Queso

für 4 Personen

2 Gläser Nopales
3 Chiles serranos aus der Dose
2 EL Butter
1 gehackte Zwiebel
1/2 TL gehackter Epazote
150 g Rahmkäse in Würfeln

◆ Die Nopales waschen und in Würfel schneiden. Die Chilis hacken.
In einem Topf Butter erhitzen und die Zwiebel darin glasig werden lassen. Nopales, Chilis und Epazote zugeben, unter gelegentlichem Rühren köcheln. Pfeffern, salzen und den Käse darübergeben.
Sobald der Käse zu schmelzen beginnt, servieren.

Nopales in Chile Chipotle
Nopales en Chipotle Adobado

für 4-6 Personen

12 junge Nopales
2 Frühlingszwiebeln
6 grüne Tomaten
1 Knoblauchzehe
1 Chile chipotle aus der Dose
1 TL Öl

◆ Die Nopales von ihren Stacheln befreien und in Würfel schneiden. Mit anderthalb Frühlingszwiebeln und 1 EL Salz in reichlich Wasser weich kochen. Durch ein Sieb gießen und erkalten lassen.
Die Tomaten häuten, mit Knoblauch und Chili im Mixer pürieren. Die halbe Frühlingszwiebel fein hacken.
In einem Topf etwas Öl erhitzen und die Frühlingszwiebel darin glasig werden lassen. Das Tomatenpüree zugeben und andünsten. Die Nopales beifügen und aufwärmen.

Variante:
Statt der frischen Nopales Nopales aus dem Glas nehmen.

Pilze mit Chile Chipotle
Hongos con Chipotle

für 6 Personen

500 g Pilze
1 gehackte Zwiebel
1 Knoblauchzehe
1 Chile chipotle aus der Dose
1/4 TL gehackter Epazote
2 EL Tomatenmark
2/3 Tasse Hühnerbrühe
4 EL Olivenöl
4 EL Butter
1/2 Zitrone (Saft)

◆ Die Pilze waschen und mit einem feuchten Tuch abreiben. Die Stiele abschneiden, zerkleinern und mit Zwiebel, Knoblauch, Chili, Epazote, Tomatenmark und Brühe im Mixer fein pürieren. In einem Topf 2 EL Öl erhitzen und das Püree bei mittlerer Hitze unter ständigem Rühren 5 Minuten darin kochen. Pfeffern und salzen.
In einem zweiten Topf die Butter mit dem restlichen Öl erhitzen und die Pilze 5 Minuten darin leicht bräunen. Bei schwacher Hitze garen. Das Püree zugeben und nochmals aufwärmen, ohne zu kochen.
Zitronensaft zugießen und sofort servieren.

Mexikanische Pilze
Hongos a la Mexicana

für 6 Personen

500 g Pilze
1-2 Chiles jalapeños aus der Dose
3 EL Öl
3 EL Butter
1 gehackte Knoblauchzehe
1/4 TL gehackter frischer Koriander

◆ Die Pilze waschen und mit einem feuchten Tuch abreiben. Die Chilis öffnen, Samen und Venen entfernen, die Chilis in Streifen schneiden. Öl und Butter erhitzen, Knoblauch, Chilis, Pilze und Koriander darin dünsten. Pfeffern und salzen, von Zeit zu Zeit umrühren. Bei mittlerer Hitze etwa 7 Minuten köcheln, bis die Pilze leicht braun sind.

Rahm-Zucchini
Calabacitas con Crema

für 4 Personen

500 g Zucchini
2 frische Maiskolben
1 Chile poblano
30 g Schweineschmalz oder Butter
1 kleine, gehackte Zwiebel
1/4 l Milch
Zucker
1/8 l Crème fraîche
frischer Käse in Scheiben

◆ Die Zucchini würfeln. Die Maiskolben entkörnen. Den Chili rösten, bis die Haut Blasen wirft. Für 5 Minuten in eine Plastiktüte geben, dann die Haut abziehen. Öffnen, Samen und Venen entfernen, den Chili in Streifen schneiden.
Schmalz erhitzen und die Zwiebel darin glasig werden lassen. Zucchini und Chili zugeben und dünsten. Milch, Maiskörner, eine Prise Zucker und Salz hinzufügen und alles bei schwacher Hitze garen.
In eine feuerfeste Form geben, mit Crème fraîche übergießen und mit Käse bedecken. Im heißen Ofen 5 Minuten überbacken.

Scharfe Zucchini
Calabacitas Picadas

für 6 Personen

500 g Zucchini
3 frische Maiskolben
2 Chiles poblanos
3 Tomaten
Öl
1 gehackte Zwiebel
1 gehackte Knoblauchzehe
1 Epazote-Zweig
100 g frischer Käse

◆ Die Zucchini würfeln. Die Maiskolben entkörnen. Die Chilis rösten, bis die Haut Blasen wirft. Für 5 Minuten in eine Plastiktüte geben, dann die Haut abziehen. Öffnen, Samen und Venen entfernen, die Chilis in Streifen schneiden. Die Tomaten häuten.
In einem Topf Öl erhitzen, Zwiebel und Knoblauch darin bräunen. Tomaten und Epazote-Zweig zugeben, leicht köcheln, salzen. Zucchini, Maiskörner, Chili sowie 1 Tasse Wasser hinzufügen und alles leicht köcheln, bis die Zucchini gar sind.
Mit Käse bestreut servieren.

Zucchini à la Oaxaca
Calabacitas Oaxaqueñas

für 4 Personen

4 junge Zucchini
2 frische Maiskolben
1 Chile ancho
1 Zwiebel
2 EL Butter
250 g frischer Käse
2 EL gehackter Epazote

◆ Die Zucchini würfeln. Die Maiskolben entkörnen. Den Chili öffnen, Samen und Venen entfernen. Den Chili in warmem Wasser einweichen und kleinschneiden. Die Zwiebel in Ringe schneiden.
In einem Topf Butter zerlassen, Zwiebelringe und Chili darin glasig werden lassen. Zucchini, Maiskörner und Salz zugeben. Mit 1 Tasse Wasser ablöschen und kochen.
Den Käse in kleine Streifen schneiden und mit Epazote über die Zucchini geben. Heiß servieren.

Zucchini mit Mais
Calabacitas con Elote

für 4-6 Personen

500 g junge Zucchini
2 frische Maiskolben
1 Chile poblano
500 g Tomaten
Öl
1 gehackte Zwiebel
1 gehackte Knoblauchzehe
100 g Crème fraîche

◆ Die Zucchini würfeln. Die Blätter der Maiskolben entfernen, die Kolben in Scheiben schneiden. Den Chili rösten, bis die Haut Blasen wirft. Für 5 Minuten in eine Plastiktüte geben, dann die Haut abziehen. Öffnen, Samen und Venen entfernen, den Chili in Streifen schneiden. Die Tomaten häuten und kleinschneiden.

In einem Topf Öl erhitzen und den Chili darin anbraten. Herausnehmen und zur Seite legen. Tomaten, Zwiebel, Knoblauch und Pfeffer in den Topf geben und gut anbraten. Zucchini, Mais und Chili zugeben, salzen und alles etwa 30 Minuten kochen, bis die Zucchini gar sind.

Den Topf vom Herd nehmen, die Crème fraîche unterrühren. Heiß servieren.

Gefüllte Chilis
Chiles Rellenos

für 6 Personen

12 große Chiles poblanos
4 Eier
3 EL Mehl
1/4 l Öl
250 g frischer Käse

für die Sauce:
2 große Tomaten
1 gehackte Zwiebel
1 gehackte Knoblauchzehe
2 Chiles serranos
3 frische Korianderzweige
2 EL Olivenöl

für die Füllung:
300 g Hackfleisch vom Rind
1 kleine Kartoffel
1 Möhre
12 Oliven
1 kleine Tomate
2 EL Öl
1 kleine, gehackte Zwiebel
60 g Rosinen

◆ Für die Füllung Kartoffel wie Möhre schälen, würfeln und kochen. Die Oliven entkernen und hacken. Die Tomate häuten, im Mixer pürieren und durch ein Sieb streichen. Öl erhitzen, das Hackfleisch mit Pfeffer und Salz darin anbraten. Zwiebel, Tomatenpüree, Kartoffel, Möhre, Oliven sowie Rosinen zugeben und garen.
Die Chiles poblanos rösten, bis die Haut Blasen wirft. Für 5 Minuten in eine Plastiktüte geben, dann die Haut abziehen. Öffnen, Samen und Venen entfernen. Die Chilis mit der Mischung füllen und mit einem hölzernen Zahnstocher schließen.
Die Eier trennen, das Eiweiß steif schlagen, das Eigelb unterziehen. Die gefüllten Chilis in Mehl sowie Eimasse wenden, nach und nach in heißem Öl anbraten. Bei schwacher Hitze goldbraun werden lassen. Herausnehmen und zur Seite stellen.
Für die Sauce alle Zutaten bis auf das Öl im Mixer pürieren. Das Öl erhitzen und das Püree darin andünsten. Salz und Wasser beifügen, aufkochen. Die Chilis hineingeben.
Mit Käse bestreut servieren.

Varianten:
▹ Die Chiles poblanos zusätzlich mit gebratenen Bohnen (Seite 147) füllen.
▹ Die Chiles poblanos statt mit Hackfleisch mit frischem Käse füllen.

Chilis mit Maisfüllung
Chiles Rellenos de Elote

für 4 Personen

8 Chiles poblanos
Öl
1/4 l Crème fraîche
180 g Chihuahua-Käse

für die Füllung:
3 Tomaten
Öl
1 feingehackte Zwiebel
1 Dose Maiskörner
200 g frischer Käse

◆ Für die Füllung die Tomaten häuten. Öl erhitzen und die Zwiebel darin glasig werden lassen. Maiskörner und Tomaten zugeben, etwas einkochen und abkühlen lassen. Den Käse unterziehen. Die Chilis rösten, bis die Haut Blasen wirft. Für 5 Minuten in eine Plastiktüte geben, dann die Haut abziehen. Öffnen, Samen und Venen entfernen. Öl erhitzen und die Chilis darin leicht anbraten. Mit der Mischung füllen und in eine feuerfeste Form legen. Mit nicht zu dickflüssiger Crème fraîche übergießen, pfeffern und salzen, mit geriebenem Käse bedecken. Im Ofen gratinieren.

Gefüllte Chilis in Nußcreme
Chiles en Nogada

für 6 Personen

12 Chiles poblanos
Kräuter der Provence
6 Eier
2 Tassen Mehl
Öl
nach Geschmack:
4 Granatäpfel

für die Füllung:
500 g Schweinelende
2 Äpfel
2 Birnen
2 Pfirsiche
1 Kochbanane
4 Tomaten
1 Zwiebel
4 Knoblauchzehen
Öl
1/2 Tasse Rosinen
50 g gehacktes Zitronat
1 Tasse gehackte Mandeln
1 TL Zucker

für die Creme:
2 Tassen Walnußkerne
3 Tassen Crème fraîche
Zucker

◆ Für die Füllung das Fleisch waschen, trockentupfen und würfeln. Äpfel, Birnen und Pfirsiche schälen und kleinschneiden. Die Kochbanane braten und zerkleinern. Die Tomaten häuten, mit Zwiebel und Knoblauch im Mixer pürieren. Öl erhitzen und das Tomatenpüree darin garen. Früchte, Rosinen, Zitronat und Mandeln unterrühren. Fleisch, Zucker, Pfeffer und Salz beifügen und alles bei schwacher Hitze 20 Minuten köcheln.
Die Chilis rösten, bis die Haut Blasen wirft. Für 5 Minuten in eine Plastiktüte geben, dann die Haut abziehen. Öffnen, Samen und Venen entfernen. Die Chilis mit Kräutern und Salz einige Minuten in Wasser dämpfen. Abtropfen lassen und trocknen. Mit der Mischung füllen und mit einem hölzernen Zahnstocher schließen. Die Eier trennen, das Eiweiß steif schlagen, das Eigelb unterziehen. Die gefüllten Chilis in Mehl sowie Eimasse wenden, nach und nach in heißem Öl anbraten. Bei schwacher Hitze goldbraun werden lassen. Herausnehmen und auf Küchenpapier abtropfen lassen. Auf einer Platte anrichten und warm halten.
Für die Creme die Nüsse fein mahlen und mit Crème fraîche im Mixer mischen. Nach Geschmack Zucker beifügen. Die Chilis mit Nußcreme bedecken, eventuell mit Granatäpfelkörnern bestreuen.

Gefüllte Tomaten
Jitomates Rellenos

für 6 Personen

6 reife Tomaten
2 reife Avocados
1 gehackte Zwiebel
3 gehackte Chiles serranos
2 EL gehackter frischer Koriander
6 Salatblätter

◆ Die Tomaten häuten, einen Deckel abschneiden und entkernen. Salzen und mit der Öffnung nach unten 15 Minuten ruhen lassen.
Währenddessen die Avocados halbieren und entkernen, das Fruchtfleisch aus der Schale heben und mit einer Gabel zerdrücken. Mit Zwiebel, Chilis und Koriander vermischen, pfeffern und salzen. Die Tomaten mit der Mischung füllen und auf Salatblättern servieren.

Linsengemüse
Lentejas Guisadas

für 4-6 Personen

250 g Linsen
150 g Tomaten
1 Stange Sellerie
4 grüne Chilis
1 Chile ancho
Schweineschmalz oder Öl
1 gehackte Zwiebel
2 gehackte Knoblauchzehen
1 EL Essig
Zucker

◆ Die Linsen in Salzwasser kochen.
Währenddessen die Tomaten häuten und kleinschneiden. Den Sellerie hacken, die grünen Chilis kleinschneiden. Den Chile ancho öffnen, Samen und Venen entfernen, den Chili in warmem Wasser einweichen. Mit Pfeffer im Mixer mahlen. Schmalz erhitzen, Zwiebel, Knoblauch und Tomaten darin anbraten. Grüne Chilis zugeben, ebenfalls anbraten. Essig, eine Prise Zucker sowie den Sellerie beigeben und dünsten. Sobald der Essig aufgesogen ist, den Chile ancho zufügen und weiterdünsten. Linsen und Salz beifügen, nochmals aufkochen.
Heiß servieren.

Salate
Ensaladas

Tomaten-Avocado-Salat
Ensalada de Jitomate y Aguacate

für 8 Personen

3 große Avocados
3 große Tomaten
Zitronensaft
Öl
Salatblätter
gehackter Schnittlauch

◆ Die Avocados in jeweils acht Streifen schneiden. Die Tomaten häuten und achteln. Zitronensaft, Öl und Salz miteinander verrühren.
Die Tomaten auf Salatblättern anordnen, mit je einem Avocado-Streifen belegen. Mit Schnittlauch bestreuen und mit der Sauce übergießen.

Nopal-Salat
Nopalitos en Ensalada

für 4-6 Personen

1 Glas Nopales
3 Tomaten
2 gehackte Zwiebeln
2 EL gehackter frischer Koriander
2 EL Öl
2 EL Essig

◆ Die Nopales waschen und in Würfel schneiden. Tomaten häuten und kleinschneiden, mit Zwiebeln und Koriander zugeben. Mit Öl, Essig und Salz würzen.

Chayoten-Salat
Ensalada de Chayote

für 6 Personen

3 Chayoten
2 Tomaten
2 EL Weinessig
1/2 TL Senf
Zucker
6 EL Salatöl
1 gehackte Zwiebel
reife Oliven

◆ Die Chayoten schälen und in Salzwasser 20 Minuten kochen.
Währenddessen die Tomaten häuten und achteln. Essig, Senf, Salz, Pfeffer und eine Prise Zucker miteinander vermischen. Das Öl langsam unterrühren.
Die Chayoten abkühlen lassen, in Würfel schneiden und in eine Salatschüssel geben. Tomaten und Zwiebel zufügen, mit der Sauce vermengen. Mit Oliven garnieren.

Mexikanischer Salat
Ensalada a la Mexicana

für 4-6 Personen

6 Chiles poblanos
1 Zwiebel
2 EL Olivenöl
1/4 Tasse Essig
2 große Avocados
2 hartgekochte Eier

◆ Die Chilis rösten, bis die Haut Blasen wirft. Für 5 Minuten in eine Plastiktüte geben, dann die Haut abziehen. Öffnen, Samen und Venen entfernen, die Chilis in Streifen schneiden. Die Zwiebel in Ringe schneiden.
1 EL Öl erhitzen, Zwiebelringe und Chilis darin anbraten. 1 1/2 Tassen Wasser, Essig und 1 EL Salz zugeben, 5 Minuten köcheln.
Avocados und Eier in Scheiben schneiden. Die Chilis in der Brühe erkalten lassen, herausnehmen und in eine Salatschüssel geben. Avocados untermischen, pfeffern und salzen. Mit Eierscheiben garnieren.

Gefüllte Avocados
Avocados Rellenos

für 8 Personen

4 große, weiche Avocados
1 Limone (Saft)
1 Dose Thunfisch
1 Stange Sellerie
1 hartgekochtes Ei
1 kleine, gehackte Zwiebel
1/2 Tasse Mayonnaise
Salatblätter

◆ Die Avocados halbieren, entkernen und das Fruchtfleisch mit Limonensaft beträufeln. Den Thunfisch zerpflücken, Sellerie und Ei kleinhakken.
Thunfisch, Ei, Zwiebel, Sellerie, Mayonnaise, Pfeffer und Salz miteinander vermengen. Die Avocadohälften mit der Mischung füllen und in den Kühlschrank stellen.
Auf Salatblättern servieren.

Chilis in Essig
Rajas de Chile en Vinagre

3 Stunden Vorbereitungs- und Kochzeit

10 grüne Chilis
10 Zwiebeln
1/2 l Essig
250 g Kartoffeln
6 Möhren
1/4 l Öl
8 gehackte Knoblauchzehen
2 Gewürznelken
6 Lorbeerblätter
3 Thymianzweige
3 Majoranzweige
Pfeffer, Salz

◆ Die Chilis öffnen, Samen und Venen entfernen, die Chilis in ein feuchtes Tuch wickeln und eine Weile ruhen lassen. Die Zwiebeln in Ringe schneiden. Die Chilis in Streifen schneiden, mit den Zwiebelringen vermischen, in Essig und Salz zwei Stunden einlegen.
Währenddessen die Kartoffeln schälen und würfeln, die Möhren schaben und in Scheiben schneiden. Kartoffeln und Möhren kochen.
In einem Topf Öl erhitzen. Chilis mit Zwiebeln und Essig, Knoblauch und Gewürze hineingeben und garen, bis Chilis und Zwiebeln weich sind.
Kartoffeln und Möhren zugeben, kurz aufkochen.
Abkühlen lassen und in gut verschließbaren Gläsern luftdicht aufbewahren.

Variante:
Statt der grünen Chilis grüne Peperoni verwenden.

Tortas

Tortas, eine besondere Zubereitungsart von Gemüsen, Reis und Fisch, sind ein typisches Gericht der Fastenzeit. Die Zutaten werden mit Eierschaum umgeben und in Öl gebacken. Man serviert sie mit Tortillas, einer Chilisauce oder einer Mole und eventuell Bohnen.

Mais-Tortas
Tortas de Elote

für 4-6 Personen

4 frische Maiskolben
5 EL Sahne
2 Eier
Schweineschmalz oder Öl
100 g frischer Käse

für die Sauce:
2 Chiles poblanos
350 g Tomaten
1 Zwiebel
1 EL Schweineschmalz oder Öl

◆ Für die Sauce die Chilis rösten, bis die Haut Blasen wirft. Für 5 Minuten in eine Plastiktüte geben, dann die Haut abziehen. Öffnen, Samen und Venen entfernen, die Chilis in Streifen schneiden. Die Tomaten häuten und mit der Zwiebel im Mixer pürieren. Durch ein Sieb streichen. Schmalz erhitzen und die Chilis darin anbraten. Das Tomatenpüree zugeben, pfeffern und salzen. Köcheln, bis die Sauce eindickt.
Die Maiskolben entkörnen und die Körner fein mahlen. Die Sahne steif schlagen, Maismehl, Eier und etwas Salz unterrühren.
In einer Pfanne Schmalz auf mittlere Hitze bringen. Die Mischung eßlöffelweise hineingeben und mit dem Löffel in gleichmäßigen Spiralbewegungen zum Rand hin streichen. Von beiden Seiten goldbraun backen.
Herausnehmen, abtropfen lassen und heiß servieren. Den Käse in Scheiben schneiden und mit Sauce getrennt dazu reichen.

Reis-Tortas
Tortas de Arroz

für 4 Personen

250 g Reis
2 Eier
200 g frischer Käse
250 g Schweineschmalz oder Öl

◆ Den Reis in warmem Wasser 30 Minuten einweichen. Herausnehmen und gut abtropfen lassen. In einer Mühle mahlen.
Die Eier trennen, das Eiweiß steif schlagen, Eigelb und Salz unterziehen. Reis und zerbröckelten Käse unterrühren.
In einer Pfanne Schmalz auf mittlere Hitze bringen. Die Mischung eßlöffelweise hineingeben und mit dem Löffel in gleichmäßigen Spiralbewegungen zum Rand hin streichen. Von beiden Seiten goldbraun backen.
Herausnehmen, abtropfen lassen und heiß servieren.
Beilagen: Nopal-Salat (Seite 169), Tomatensauce (Seite 69), gebratene Bohnen (Seite 147), Maistortillas (Seite 119)

Kichererbsen-Häppchen
Bocadillos de Garbanzo

am Vortag beginnen
für 4 Personen

200 g Kichererbsen
75 g geriebener Parmesan
4 Eier
150 g Schweineschmalz
oder Öl

◆ Die Kichererbsen über Nacht in reichlich kaltem Wasser einweichen.

Am nächsten Tag etwa 50 Minuten garen. Fein mahlen und mit Käse vermischen. Die Eier trennen, das Eiweiß steif schlagen, das Eigelb unterziehen. Kichererbsen und Salz unterrühren.

In einer Pfanne Schmalz auf mittlere Hitze bringen. Die Mischung eßlöffelweise hineingeben und mit dem Löffel in gleichmäßigen Spiralbewegungen zum Rand hin streichen. Von beiden Seiten goldbraun backen.

Herausnehmen, abtropfen lassen und heiß servieren.

Beilagen: gebratene Bohnen (Seite 147), Tomatensauce mit Chile chipotle (Seite 69), Tortillas

Blumenkohl-Kroketten
Croquetas de Coliflor

für 4-6 Personen

1 Blumenkohl
2 Lorbeerblätter
1/2 Tasse Käsestreifen
2 Eier
Öl
1/2 Tasse Mehl

◆ Den Blumenkohl in Röschen zerteilen und mit Lorbeerblättern in Salzwasser garen. Herausnehmen, abtropfen und abkühlen lassen. Die Käsestreifen in die Röschen stecken.

Die Eier trennen, das Eiweiß steif schlagen, das Eigelb unterziehen.

In einem Topf Öl erhitzen. Die Röschen in Mehl sowie Eimasse wenden und von allen Seiten goldbraun braten.

Herausnehmen und kurz auf Küchenpapier abtropfen lassen.

Beilagen: scharfe Sauce (Seite 70), Maistortillas (Seite 119)

Fleisch-Tortas
Tortas de Carne

für 4 Personen

500 g Rindfleisch
1 kleine Zwiebel
1 Knoblauchzehe
3 Eier
1 EL Mehl
Öl

◆ Das Fleisch waschen und trockentupfen. Mit Zwiebel, Knoblauchzehe und Salz in 6 Tassen Wasser kochen. Herausnehmen, erkalten lassen und zerpflücken.
Die Eier trennen, das Eiweiß steif schlagen, Eigelb und Mehl unterziehen. Das Fleisch unterrühren, pfeffern und salzen.
In einer Pfanne Öl auf mittlere Hitze bringen. Die Mischung eßlöffelweise hineingeben und mit dem Löffel in gleichmäßigen Spiralbewegungen zum Rand hin streichen. Von beiden Seiten goldbraun backen.
Herausnehmen, abtropfen lassen und heiß servieren.
Beilagen: mexikanische Sauce (Seite 69), Reis (Seite 75), gebratene Bohnen (Seite 147)

Krabben-Tortas
Tortas de Camarón

für 4 Personen

$^1/_2$ Tasse Reis
3 Eier
2 EL Krabbenpulver
Öl

für die Sauce:
1 Avocado
2 Tomaten
1 kleine, gehackte Zwiebel
2 gehackte Knoblauchzehen
nach Geschmack:
Chile serrano

◆ Den Reis gar kochen.
Währenddessen die Sauce zubereiten: Die Avocado halbieren und entkernen, das Fruchtfleisch aus der Schale heben und würfeln. Die Tomaten würfeln, mit Zwiebel, Knoblauch und Chili zugeben.
Die Eier trennen, das Eiweiß steif schlagen, das Eigelb unterziehen. Reis und Krabbenpulver unterrühren.
In einer Pfanne Öl auf mittlere Hitze bringen. Die Mischung eßlöffelweise hineingeben und mit dem Löffel in gleichmäßigen Spiralbewegungen zum Rand hin streichen. Von beiden Seiten goldbraun backen.
Herausnehmen, abtropfen lassen und heiß servieren.

Kartoffel-Tortas
Tortas de Papa

für 4 Personen

6 Kartoffeln
1 Tasse geriebener Käse
2 Eier
Öl

◆ Die Kartoffeln schälen und kochen. Pürieren und den Käse untermengen.
Die Eier trennen, das Eiweiß steif schlagen, das Eigelb unterziehen. Mit dem Kartoffelpüree vermischen.
In einer Pfanne Öl auf mittlere Hitze bringen. Die Mischung eßlöffelweise hineingeben und mit dem Löffel in gleichmäßigen Spiralbewegungen zum Rand hin streichen. Von beiden Seiten goldbraun backen.
Herausnehmen, abtropfen lassen und heiß servieren.
Beilagen: Tomatensauce (Seite 69), gebratene Bohnen (Seite 147), Tortillas

Eier
Huevos

Eier mexikanisch
Huevos a la Mexicana

für 6 Personen

6 Eier
2 Tomaten
3 Chiles serranos
1 kleine, gehackte Zwiebel
1 gehackter frischer Korianderzweig
3 EL Öl

◆ Die Tomaten häuten, vierteln und entkernen. In kleine Würfel schneiden. Die Chilis hacken. Die Eier verschlagen, Tomaten, Zwiebel, Chilis und Koriander unterrühren, pfeffern und salzen. Öl erhitzen und die Eimasse bei mittlerer Hitze unter ständigem Rühren darin braten.
Heiß servieren.
Beilagen: gebratene Bohnen (Seite 147), Maistortillas (Seite 119)

Eier nach Bauernart
Huevos Rancheros

für 4 Personen

4 Eier
4 Maistortillas (Seite 119)
Öl
50 g geriebener Käse

für die Sauce:
2 Tomaten
1 kleine, gehackte Zwiebel
4 Chiles serranos
Öl

◆ Für die Sauce die Tomaten häuten, mit Zwiebel und Chilis im Mixer pürieren. Öl erhitzen und das Tomatenpüree darin andünsten. Mit Salz abschmecken.
In einer Pfanne Öl erhitzen und die Tortillas darin backen – sie dürfen nicht hart werden. Herausnehmen und warm stellen. Die Eier in die Pfanne geben und Spiegeleier braten. Die Tortillas mit je einem Spiegelei belegen, mit Sauce übergießen. Den Käse darüberstreuen und heiß servieren.
Beilage: gebratene Bohnen (Seite 147)

Eier mit Chile Poblano
Huevos Poblanos

für 4 Personen

4 Eier
2 Chiles poblanos
2 Tomaten
2 EL Öl
1 kleine, gehackte Zwiebel
1 EL Hühnerbouillon-Pulver
1/4 Tasse saure Sahne

◆ Die Chilis rösten, bis die Haut Blasen wirft. Für 5 Minuten in eine Plastiktüte geben, dann die Haut abziehen. Öffnen, Samen und Venen entfernen, die Chilis in Würfel schneiden. Die Tomaten häuten und kleinschneiden.
1 EL Öl erhitzen, Zwiebel und Tomaten darin dünsten. Chilis, Hühnerbouillon und Pfeffer zugeben, köcheln.
Währenddessen die Eier verschlagen und im restlichen Öl braten. Das Rührei der Tomatensauce zugeben. Kurz vor dem Servieren die saure Sahne vorsichtig unterrühren.

Rührei mit Tomaten
Huevos Revueltos de Jitomate

für 4 Personen

4 Eier
Schweineschmalz
geriebener Käse

für die Sauce:
3 Tomaten
1 Zwiebel
1 Knoblauchzehe
1 Chile serrano

◆ Für die Sauce die Tomaten häuten. Mit Zwiebel, Knoblauch, Chili und Salz im Mixer pürieren.
Die Eier verschlagen. Schmalz erhitzen und die Eimasse darin braten. Das Tomatenpüree zugeben und köcheln.
Mit Käse bestreuen und heiß servieren.

Eier mit Chiles Jalapeños
Huevos Jalapeños

für 6 Personen

6 Eier
6 Chiles jalapeños
Öl
1 kleine, gehackte Zwiebel
50 g frischer Käse

◆ Die Chilis rösten, häuten und öffnen. Samen und Venen entfernen, die Chilis in Streifen schneiden.
In einer Pfanne etwas Öl erhitzen, Zwiebel und Chilis darin anbraten. Die Eier verschlagen, zerbröckelten Käse, Pfeffer und Salz unterrühren. Die Masse in die Pfanne geben und bei schwacher Hitze köcheln, bis die Eier stocken.

Eier mit Mais
Huevos con Elote

für 6 Personen

6 Eier
6 Tassen gekochte Maiskörner
1/4 l Sahne
1 TL Senf
100 g geriebener Parmesan

◆ Den Mais in eine eingefettete feuerfeste Form geben. Sechs Vertiefungen bilden, die rohen Eier hineingeben. Mit Pfeffer und Salz bestreuen.
Die Sahne leicht schlagen. Senf, Pfeffer und Salz unterrühren. Über den Mais geben, mit Käse bestreuen. Im Ofen bei 175° überbacken, bis die Eier fest sind.

Süßspeisen
Dulces

Fruchtsalat
Ensalada de Frutas

für 8 Personen

1 kleine Papaya
1 Jícama
3 Scheiben Ananas
1 Scheibe Wassermelone
3 Mangos
nach Geschmack:
Limonensaft
Cayennepfeffer

◆ Die Früchte schälen, würfeln und miteinander vermischen. Mit Limonensaft beträufeln, mit Cayennepfeffer und Salz würzen.

Goldige Ananas
Piña Dorada

für 6 Personen

1 große, reife Ananas
1/2 Tasse Zucker
60 g Margarine
2 EL Rum

für die Creme:
2 Tassen Sahne
1/4 Tasse Zucker
1 Ei
2 Eigelb
2 EL Stärkemehl
1 EL Vanilleextrakt
1 Prise Salz

◆ Die Ananas waschen, einen Deckel abschneiden und das Fruchtfleisch vorsichtig herausheben, ohne die Schale zu verletzen. Das Fruchtfleisch kleinschneiden, mit Zucker, Margarine und Rum gut vermengen, wieder in die Ananas füllen. Im Ofen bei mittlerer Hitze 20 Minuten backen. Währenddessen die Creme zubereiten: In einem Topf alle Zutaten miteinander verrühren. Bei schwacher Hitze unter ständigem Rühren langsam erwärmen, bis die Creme eindickt und der Boden des Topfes sichtbar wird. Etwas erkalten lassen und über die Ananas gießen.

Chilacayote in Zucker
Conserva de Chilacayote

1 Chilacayote (etwa 2 kg)
1 kg Zucker
1 große Zimtstange

◆ Den Chilacayote halbieren, Samen und Venen entfernen, die Frucht in Stücke teilen. In einen Topf geben, mit Wasser bedecken und weich kochen. Herausnehmen, erkalten lassen und aus der Schale lösen.
Den Zucker in 1 l Wasser kochen, bis er zu schäumen beginnt. Chilacayote mit Zimt zugeben und kochen, bis der Sirup dickflüssig und der Chilacayote durchsichtig ist.

Varianten:
▷ Den Chilacayote durch eine andere hartschalige, eßbare Kürbisart ersetzen.
▷ Statt Zucker Piloncillo oder Rohzucker verwenden.
▷ Dem Zuckerwasser 1 Tasse Kokosflocken und weitere 250 g Zucker hinzufügen.

Guayabate

2 Tage ruhen lassen

1 kg Guaven
1 kg Zucker

◆ Die Guaven halbieren, die Samen herausdrücken und in 1 Tasse Wasser einlegen. Die Guaven in Stücke schneiden und in 1/2 Tasse Wasser weich kochen – nicht anbrennen lassen.
Das Wasser der Samen zugießen, die Samen selbst wegwerfen. Die Guaven durch ein feines Sieb streichen. In einen Topf geben, die gleiche Menge Zucker beifügen, gut umrühren. Die Mischung bei schwacher Hitze köcheln, bis sie zäh und dickflüssig wird, dabei ständig mit einem Holzlöffel umrühren.
Den Topf vom Herd nehmen, mit dem Holzlöffel weitere 10 Minuten kräftig rühren. In eine mit Wachspapier ausgelegte längliche Form geben und abkühlen lassen. Mit feuchten Nesseltüchern bedeckt 24 Stunden – wenn möglich, zwei Tage – in die Sonne stellen.
In dünne Plastikfolie eingewickelt aufbewahren.

Varianten:
Statt Guaven Quitten oder Birnen verwenden.

Ate aus Süßkartoffeln und Ananas
Ate de Camote y Piña

1 kg Süßkartoffeln
1 Limone
1 Ananas
1 kg Zucker

◆ Die Süßkartoffeln waschen, in einem Topf mit Wasser bedecken und zugedeckt garen. Herausnehmen und heiß schälen. Mit Limonenhälften einreiben, damit sie nicht braun werden. Zweimal durch ein Sieb streichen.
Die Ananas schälen und im Mixer pürieren. Mit Süßkartoffeln und Zucker kochen. Wenn der Boden des Topfes beim Umrühren sichtbar wird, die Masse in eine Form gießen und erkalten lassen.
In feine Scheiben geschnitten servieren.
Beilage: dünne Scheiben frischer Käse

Papaya-Sorbet
Sorbete de Papaya

1 1/2 Tassen reife Papaya
1/2 Tasse Orangensaft
3 EL Zitronensaft
1 Tasse Zucker
1 1/2 Tassen Milch oder Sahne

◆ Die Papaya schälen, kleinschneiden, durch ein Sieb streichen. Mit Orangen- und Zitronensaft vermengen.
Den Zucker in kalter Milch auflösen, die Papaya nach und nach unterrühren. Gefrieren lassen.

Eis am Stiel
Paletas Heladas

2 Tassen Mangosaft
6 EL Joghurt

◆ Saft und Joghurt miteinander vermischen und in Plastikbecher gießen. Gefrieren lassen, im halbgefrorenen Zustand Holzstiele hineinstechen.
Um das Eis zu lösen, die Becher einige Sekunden in heißes Wasser tauchen.

Variante:
Den Mango- durch einen anderen Fruchtsaft ersetzen, eventuell etwas Wasser zugießen.

Orangen-Gelatine
Gelatina de Naranja

für 4 Personen

3 Tassen frischer Orangensaft
3 EL Gelatinepulver
2 Bananen

◆ Den Orangensaft durch ein Sieb gießen und aufkochen, die Gelatine darin auflösen. Die Mischung in eine Form gießen und kalt stellen.
Mit Bananenscheiben dekorieren. Dazu schmeckt Eierlikör.

Varianten:
▹ Den Orangen- durch einen anderen Fruchtsaft ersetzen.
▹ Nach Geschmack Zucker beimischen.
▹ Den Fruchtsaft mit Wasser verdünnen. Darauf achten, daß genügend Gelatinepulver genommen wird.

Maissüßspeise
Dulce de Elote

für 6 Personen

2 Tassen frische Maiskörner
3 Tassen Milchpulver
1 Tasse Zucker
1 Zimtstange
1/2 Tasse Rosinen

◆ Den Mais im Mixer pürieren.
Milchpulver, Zucker und Zimt mit etwas Wasser langsam erwärmen und kochen, bis sich eine Creme ergibt. Maispüree und Rosinen zugeben. Unter ständigem Rühren kochen, bis die Creme eindickt.
In eine Glasschüssel füllen und kalt stellen.

Festtagspudding
Flan de Fiesta

2 Stunden Vorbereitungs- und Kochzeit
für 6 Personen

6 Eier
2 Dosen Kondensmilch
2 Tassen Vollmilch
2 EL Vanilleextrakt
1 Tasse Zucker

◆ Die Eier mit Kondens- und Vollmilch im Mixer schlagen. Die Vanille zugeben.
In einer Pfanne den Zucker bei schwacher Hitze unter ständigem Rühren flüssig werden lassen. Weiter köcheln, bis er eine klare, bräunliche Farbe annimmt. Langsam in eine feuerfeste Form gießen und darauf achten, daß Boden und Wände gleichmäßig mit dem karamelisierten Zucker überzogen sind. Milch zugießen und die Form in ein Wasserbad stellen. Im vorgeheizten Ofen bei 180° eine Stunde backen – das Wasser sollte nicht kochen.
Die Form aus dem Ofen nehmen, den Rand mit einem Messer lösen. Den Pudding sofort stürzen und erkalten lassen.

Chongos Zamoranos

für 12 Personen

2 Lab-Tabletten
2 l Milch
4 Eigelb
450 g Zucker
nach Geschmack: gemahlener Zimt

◆ Die Lab-Tabletten in 1/2 l Milch auflösen. Durch ein Sieb in eine flache feuerfeste Form gießen, die restliche Milch und Eigelb hineinrühren.
Im Wasserbad langsam erwärmen, bis die Milch gerinnt – nicht umrühren. Die geronnene Milch in Würfel schneiden, Zucker und eventuell Zimt zugeben. Alles bei schwacher Hitze kochen, bis die Flüssigkeit eindickt.
Kalt servieren.

Cajeta de Leche Quemada

3 l Milch
600 g Zucker
1 TL Stärkemehl

Wird als Nachtisch oder Brotaufstrich gegessen.

◆ 1 l Milch mit Zucker und Stärkemehl erhitzen. Unter ständigem Rühren kochen, bis die Masse eine goldbraune Farbe annimmt. Nach und nach die restliche Milch zugießen, unter ständigem Rühren köcheln, bis der Boden des Topfes sichtbar wird.
Abkühlen lassen und in ein Glasgefäß füllen.

Orangen-Tamales
Tamales de Naranja

2 Stunden Vorbereitungs- und Kochzeit
für 12 Personen

5 große Orangen
400 g Zucker
400 g Schweineschmalz
1 kg Maismehl für Tamales
1 EL Backpulver
1/4 l Milch
100 g Rosinen
100 g gehackte Mandeln
Maisblätter

◆ Die Orangen schälen, achteln, entkernen und in kleine Stücke schneiden. Mit dem Zucker bei schwacher Hitze kochen, bis die Masse eindickt. Vom Herd nehmen und abkühlen lassen.
Das Schmalz schaumig schlagen. Mit Maismehl, Backpulver, Orangenmarmelade und Milch zu einem lockeren Teig rühren, der im Wasser schwimmt. Rosinen und Mandeln hinzufügen.
Die Maisblätter in Wasser einweichen, herausnehmen und gut abtropfen lassen. 1 EL Teig auf der unteren Hälfte jedes Blattes verteilen. Das Maisblatt zusammenfalten, verschließen und so im Topf plazieren, daß die Öffnungen nach oben zeigen. Eine Stunde in Wasserdampf garen, bis sich das Blatt vom Teig löst.

Variante:
Die Orangen durch andere Früchte ersetzen.

Capirotada

für 4-6 Personen

400 g trockenes Weißbrot
200 g Schweineschmalz
400 g Piloncillo
1 Zimtstange
100 g Butter
150 g frischer Käse
50 g gehackte Erdnüsse
50 g gehackte Walnüsse
50 g gehackte Pinienkerne
50 g Rosinen

◆ Das Brot in Scheiben schneiden und in Schmalz goldbraun rösten. Piloncillo und Zimt mit 2 Tassen Wasser kochen, bis eine honigartige Masse entsteht.
Eine flache feuerfeste Form mit Butter ausstreichen. Schichtweise Brot, Zuckerhonig, zerbröckelten Käse, Nüsse, Pinienkerne und Rosinen hineingeben.
Im auf 180° vorgeheizten Ofen 30 Minuten backen.

Buñuelos

3 Stunden Vorbereitungs- und Kochzeit

500 g Piloncillo
4 Tassen Mehl
1 TL Backpulver
3 Eier
2 EL Schweineschmalz oder Butter
1/2 l Öl
2 ungespritzte Orangen (Schale)

◆ Mehl, Backpulver und 1/2 TL Salz miteinander vermischen. Eine Vertiefung bilden, Eier und Schmalz hineingeben. Alles zu einem festen Teig kneten, nach und nach bis zu 1 Tasse Wasser zugießen. Den Teig kneten und schlagen, bis er Blasen bildet. Etwa zwei Stunden ruhen lassen.
Eigroße Kugeln formen und zu Fladen ausrollen. Über einer runden Oberfläche – zum Beispiel dem mit einer Serviette bedeckten Knie – zu einem runden Fladen ziehen, der in der Mitte dünn und am Rand dick sein darf.
In einem flachen Topf Öl erhitzen und die Fladen nacheinander von beiden Seiten darin goldbraun backen. Herausnehmen, abtropfen lassen und auf Küchenpapier zur Seite legen.
Die Orangenschalen in Streifen schneiden. Piloncillo und Schalen mit 1/2 l Wasser 25 Minuten kochen, bis eine honigartige Masse entsteht.
Die Buñuelos zerbrechen und kurz darin einweichen. Herausnehmen und sofort servieren.

Variante:
Dem Zuckerhonig kann echter Honig beigemengt werden.

Pinole

Wird als Süßigkeit zwischendurch gegessen.

2 Tassen getrocknete Maiskörner
1 Tasse Piloncillo

◆ Die Maiskörner in einer fettfreien Pfanne goldbraun rösten. Maiskörner und Piloncillo zu Pulver mahlen und miteinander vermischen.

Harte Körner
Ponte Duro

Wird als Süßigkeit zwischendurch gegessen.

2 Tassen getrocknete Maiskörner
150 g Piloncillo

◆ Die Maiskörner in einer fettfreien Pfanne goldbraun rösten.
Piloncillo mit 1/2 l Wasser kochen, bis eine honigartige Masse entsteht. Die Maiskörner zugeben und unter ständigem Rühren erwärmen, bis sie ganz von Zucker umhüllt sind.
Während des Abkühlens immer wieder umrühren.

Maiskuchen
Pastel de Elote

6 frische Maiskolben
1 Tasse Milch
8 Eier
Butter
250 g Zucker
1 EL Paniermehl

◆ Die Maiskolben entkörnen. Die Körner mit Milch im Mixer pürieren.
Die Eier trennen. 250 g Butter schaumig rühren, nach und nach Eigelb und Zucker zugeben. Das Maispüree unterrühren. Das Eiweiß steif schlagen und unterziehen.
Eine feuerfeste Form mit Butter ausstreichen und mit Paniermehl bestreuen. Die Maismasse hineingeben und bei 170° 45 Minuten goldbraun backen.

Guadalajara/
Jalisco:
Stand mit
Erfrischungen

oben links Hibiskusblüten, *oben rechts* Papaya, *unten links Chilacayote, unten rechts* Kakaobohnen

Mezcal-Agaven für die Schnapsproduktion

Herstellen von *Atole*.
Hier wird das aufgelöste Maismehl gesiebt

Mahlen von Kakaobohnen

Allerheiligen-Brot
Pan de Muerto

mehrere Stunden
Vorbereitungszeit

500 g Mehl
15 g Hefe
100 g Zucker
3 Eier
7 Eigelb
100 g Butter
1 EL abgeriebene Orangenschale
1 EL Orangenblütenwasser
2 EL Aniswasser
1 Tasse grobkörniger Zucker
Schweineschmalz

◆ Die Hefe in 1/2 Tasse lauwarmem Wasser anrühren und mit einigen EL Mehl zu einem Teig kneten. Eine Kugel formen und an einem warmen Ort gehen lassen.
Das restliche Mehl, Zucker und 1/4 TL Salz vermengen. Eine Vertiefung bilden, zwei Eier, Eigelb und Butter hineingeben, alles zu einem Teig kneten. Orangenschale, Orangenblüten- und Aniswasser sowie den Hefeteig zugeben und alles zu einem gleichmäßigen Teig kneten. Mit einem feuchten Tuch bedecken und an einem warmen Ort vier bis fünf Stunden gehen lassen, bis der Teig das doppelte Volumen hat.
Nochmals durchkneten und kleine Brote formen. Etwas Teig zurückbehalten, um kleine Verzierungen in Form von Knochen und Tränen daraus zu modellieren. Ein Ei verschlagen, die Brote damit bestreichen, die Verzierungen darauflegen und andrücken. Mit Zucker bestreuen. Die Brote auf ein mit Schmalz eingefettetes Blech legen und bei 125° etwa 35 Minuten backen.
Herausnehmen und abkühlen lassen.

Variante:
Das Orangenblütenwasser durch 1 weiteren EL Orangenschalen und etwas Wasser ersetzen.

Drei-Königs-Kuchen
Rosca de Reyes

Wer die kleine Puppe im Kuchen findet, ist für diesen Tag König.

6 Tassen Mehl
30 g Hefe
6 Eier
3/4 Tasse Zucker
5 Eigelb
2 TL Orangenblütenwasser
1/2 ungespritzte Limone (Schale)
Butter
1 gezuckerte Orange
2 gezuckerte Feigen
1 gezuckerte Frucht (Zitronat)
1 kleine Puppe (Plastik oder Porzellan) oder eine Bohne

◆ Die Hefe in 4 EL lauwarmem Wasser anrühren und mit 1/2 Tasse Mehl zu einem Teig kneten. Eine Kugel formen und an einem warmen Ort 30 Minuten gehen lassen.
Das restliche Mehl und 1/2 TL Salz vermengen. Eine Vertiefung bilden, fünf Eier und 1/2 Tasse Zucker hineingeben, alles zu einem Teig kneten. Eigelb, Orangenblütenwasser, abgeriebene Limonenschale, 300 g Butter sowie den Hefeteig zugeben und alles zu einem gleichmäßigen Teig kneten. Mit einem feuchten Tuch bedecken und an einem warmen Ort 20 Minuten gehen lassen.
Nochmals durchkneten und zu einem Kranz formen. Ein Backblech mit Butter einfetten, mit Mehl bestäuben und den Kranz darauflegen. Ein Ei verschlagen und den Kranz damit bestreichen. Mit dem restlichen Zucker bestreuen, mit den in Streifen geschnittenen Früchten garnieren. Im auf 180° vorgeheizten Ofen 30 Minuten backen.
Den Kuchen herausnehmen, die Puppe von unten hineinstecken.

Variante:
Das Orangenblütenwasser durch Orangenschalen und etwas Wasser ersetzen.

Atoles

Atole ist zuallererst ein Maisgetränk – auch wenn es eine Alternative, den Reis-Atole, gibt *(siehe Rezept Seite 198)**. Das Getränk besteht aus durch Stärke angedicktes Wasser. Die Stärke gewinnt man aus dem gemahlenen, mehrmals mit Wasser verdünnten und anschließend gesiebten Nixtamal. Der Atole bekommt durch entsprechende Zusätze wie Honig oder Chili einen süßen oder scharfen Geschmack.*

Weißer Atole
Atole Blanco

für 8 Tassen

$1^1/_2$ l Milch oder Wasser
100 g Maismehl für Tortillas

◆ Das Maismehl in Milch auflösen und durch ein Sieb streichen. In einem Topf unter ständigem Rühren langsam erwärmen. Köcheln, bis der Atole leicht dickflüssig ist.
Warm servieren.
Beilage: Buñuelos (Seite 191)

Variante:
Das Maismehl durch 60 g Stärkemehl ersetzen.

Süßer Atole
Atole Dulce

für 10 Tassen

$1^1/_2$ l Milch oder Wasser
$^1/_4$ l Fruchtsaft
80 g Stärkemehl
500 g Fruchtfleisch
2 Tassen Zucker
1 TL Vanilleextrakt
$^1/_2$ TL Lebensmittelfarbe

◆ Milch und Fruchtsaft vermischen. Das Stärkemehl in etwas Flüssigkeit auflösen und zugeben. Unter ständigem Rühren langsam erwärmen.
Das Fruchtfleisch kleinschneiden und mit dem Zucker beifügen. Köcheln, bis der Atole leicht dickflüssig ist.
Vanille und Lebensmittelfarbe hinzugeben. Warm servieren.
Beilage: Tamales (Seite 133 ff)

Dunkler Atole
Atole Prieta

für 8 Tassen

$1^1/_2$ l Milch
100 g Kakaoschalen
125 g Maismehl
250 g Zucker
$^1/_2$ Zimtstange

◆ Die Kakaoschalen in einer fettfreien Pfanne rösten. Herausnehmen und zur Seite legen. Das Maismehl in die Pfanne geben und goldbraun rösten. Milch, Zucker, Zimt und Kakaoschalen beifügen. Unter ständigem Rühren langsam erwärmen, bis der Atole eindickt. Durch ein grobes Sieb streichen. Nochmals aufkochen.
Heiß servieren.
Beilage: Tamales (Seite 133 ff)

Reis-Atole
Atole de Arroz

für 6 Tassen

1 l Milch
1 1/2 Tassen Reis
1 Tasse Piloncillo
1 Zimtstange
1 TL Vanilleextrakt

◆ Den Reis in 1 1/2 Tassen Salzwasser kochen. Wenn das Wasser aufgesogen ist, die Milch zugießen. Piloncillo, Zimt und Vanille beifügen und den Reis garen – er sollte in der Flüssigkeit schwimmen.

Chili-Atole
Atole de Chile

für 10 Tassen

100 g Maismehl für Tortillas
2 Tassen Bohnen
2 EL getrocknete Minze
1 TL Chilipulver

◆ Das Maismehl in 1 1/2 l Wasser auflösen und durch ein Sieb streichen. Die Bohnen kochen, im Mixer fein pürieren, durch ein Sieb streichen. Die Minze fein mahlen.
Alles in einen Topf geben, mit Chili und Salz würzen. Unter ständigem Rühren langsam aufkochen. Köcheln, bis der Atole dickflüssig ist.
Beilage: Chilacayote in Zucker (Seite 186)

Variante:
Das Maismehl durch 60 g Stärkemehl ersetzen.

Atole aus frischem Mais
Atole de Grano

für 12 Tassen

5 frische Maiskolben
nach Geschmack:
Chiles serranos
125 g Maismehl für Tortillas
10 g gemahlener Anis

◆ Die Maiskolben entkörnen. Die Chilis im Mixer mahlen und durch ein Sieb streichen. Das Maismehl in 2 l Wasser auflösen und durch ein Sieb streichen. Unter ständigem Rühren langsam erwärmen. Maiskörner, Anis und Chilis zugeben, mit Salz abschmecken. Köcheln, bis der Atole dickflüssig ist.

Variante:
Das Maismehl durch 75 g Stärkemehl ersetzen.

Getränke
Bebidas

Kühles Wasser
Agua Fresca

3 reife Bananen
nach Geschmack:
Zucker oder Honig

◆ Die Bananen mit 9 Tassen Wasser im Mixer pürieren. Zucker oder Honig hinzufügen, gut umrühren und kalt servieren.

Varianten:
Die Bananen durch 2 Tassen Erdbeeren, acht Guaven, zwei Mangos oder andere Früchte ersetzen.

Hibiskuswasser
Agua de Jamaica

150 g Hibiskusblüten
nach Geschmack: Zucker

◆ Die Hibiskusblüten in 1/2 l Wasser 15 Minuten kochen. Durch ein Sieb gießen, die Blüten gut ausdrücken und wegwerfen. Den Saft mit 3 1/2 l Wasser und Zucker vermischen, gut umrühren.
Kalt servieren, eventuell gehackte Eiswürfel zugeben.

Tamarinden-Wasser
Agua de Tamarindo

250 g Tamarinde
1 Tasse Zucker

◆ Die Tamarinden schälen und in 1/2 l Wasser kochen. Erkalten lassen und mit der Hand durch ein Sieb drücken, so daß nur Kerne und Samenfäden zurückbleiben. Den Saft mit 1 1/2 l Wasser und Zucker vermischen, gut umrühren.
Kalt servieren, eventuell gehackte Eiswürfel zugeben.

Reiswasser
Horchata de Arroz

mehrere Stunden einweichen

1 Tasse Reis
1 Tasse Milchpulver
1 Tasse Zucker
1 TL gemahlener Zimt

◆ Den Reis waschen und in 2 l Wasser mehrere Stunden einweichen.
Mit Einweichwasser, Milchpulver und Zucker im Mixer pürieren. Durch ein Sieb streichen.
Mit gehackten Eiswürfeln und Zimt servieren.

Heiße Schokolade
Chocolate de Agua

5 Riegel Schokolade
1 l Milch oder Wasser
1 TL gemahlener Zimt
1 Tasse Zucker

◆ Die Schokolade mit etwas Wasser im Wasserbad auflösen.
In einem Topf Milch und Zimt aufkochen. Nach und nach Schokolade, Zucker und eine Prise Salz zugeben, mit einem Schneebesen ständig schlagen. Kochen, bis sich Schaum bildet.
Heiß servieren.

Variante:
Die Schokoladenriegel durch 100 g bittere Kochschokolade ersetzen.

Kaffee aus dem Topf
Café de la Olla

6 EL Kaffeepulver
2 Zimtstangen
nach Geschmack:
Piloncillo

◆ In einem Topf 1 l Wasser zum Kochen bringen. Den Zimt hineingeben und kochen, bis das Wasser nach Zimt schmeckt. Den Piloncillo hinzufügen, mit einem Holzlöffel umrühren und kochen, bis sich der Zucker aufgelöst hat. Den Kaffee hineinrühren und aufkochen. Den Topf vom Herd nehmen und 3 Minuten stehen lassen, damit sich der Kaffee setzen kann, nicht mehr umrühren. Durch ein Sieb eingießen.
Den Kaffee kein zweites Mal aufkochen, gegebenenfalls nur aufwärmen.

Pflaumen-Punsch
Ponche de Ciruelas

12 Pflaumen
2 Orangen (Saft)
1 Limone (Saft)
1 Tasse Rum
1/2 Tasse Zucker
1 EL Orangenschalen
1 Prise gemahlener Zimt

◆ Die Pflaumen entkernen und in 6 Tassen Wasser 15 Minuten weich kochen. Die übrigen Zutaten einrühren.
Heiß oder kalt servieren.

Weihnachtspunsch
Ponche de Navidad

25 Tejocotes
15 Guaven
4 Äpfel
nach Geschmack:
Zucker
6 Zimtstangen
1/2 l Rotwein
nach Geschmack: Rum
1/2 Tasse Rosinen

◆ Die Früchte halbieren oder würfeln. Mit Zucker und Zimt in 5 l Wasser garen.
Den Topf vom Herd nehmen, Rotwein und Rum zugießen, Rosinen unterrühren. Warm servieren.

Variante:
Die Tejocotes durch zwei Birnen oder zwei Quitten ersetzen.

Margarita

1 Glas Tequila
1 Glas Cointreau
2 Limonen (Saft)

◆ Den Rand der Gläser mit Limonensaft anfeuchten und in Salz tauchen.
Tequila, Cointreau und Limonensaft mit gehackten Eiswürfeln mixen und in die Gläser füllen.

Tepache

4 Tage vorher beginnen

1 reife Ananas
1 Zimtstange
4 Gewürznelken
2 Pimentkörner
200 g Gerstenkörner
80 g Piloncillo

◆ Die Ananas waschen und mit Schale in kleine Stücke schneiden, zerdrücken und in ein Glasgefäß geben. 1 1/2 l Wasser, Zimt, Nelken und Piment zugeben. Zwei Tage zugedeckt stehen lassen.
Am dritten Tag Gerstenkörner und Piloncillo in 1/2 l Wasser kochen, bis die Körner aufplatzen. Die Mischung in das Glasgefäß geben und alles weitere zwei Tage zugedeckt an einem warmen Ort fermentieren lassen.
Die Flüssigkeit durch Leinen- oder Nesseltücher sieben. Mit gehackten Eiswürfeln servieren.

Sangrita

2 Tassen Tomatensaft
2 Orangen (Saft)
4 Limonen (Saft)
2 EL gehackte Zwiebel
1/2 TL Cayennepfeffer
1/2 TL Salz

◆ Alle Zutaten im Mixer miteinander vermischen.

Rompope

2 Tage vorher beginnen

1 l Milch
1 Tasse Zucker
1 Vanilleschote
12 Eigelb
1 Glas Rum

◆ Die Milch mit Zucker und Vanilleschote aufkochen, 15 Minuten köcheln. Abkühlen lassen, dabei immer wieder umrühren, damit sich keine Haut bildet.
Die Eigelb schaumig schlagen und vorsichtig unterziehen. Die Milch langsam erwärmen, bis sie am Holzlöffel haftenbleibt. Abkühlen lassen.
Mit dem Rum vermischen, in eine Flasche füllen und fest verschließen. Zwei Tage in den Kühlschrank stellen.

Rezeptregister

Stichwortregister

Die *kursiven* Seitenangaben verweisen auf Texte, die den Begriff erläutern, die übrigen auf Rezepte, in denen diese Zutat eine wichtige Rolle spielt.

Ersatzprodukte

Die in den Rezepten genannten Zutaten sind – von wenigen Ausnahmen abgesehen – durchaus im deutschen Sprachraum erhältlich. Einige Produkte lassen sich mit Phantasie, Fingerspitzengefühl und Mut durch bekanntere Zutaten ersetzen.

Achiote	Soll eine Gelbfärbung erreicht werden, durch Safran ersetzen. Für eine Rotfärbung rote Lebensmittelfarbe verwenden.
Blattgemüse	Grünkohl, Chinakohl, Löwenzahn, Fleischkraut, Spinat, Mangold
Chihuahua-Käse	Schnittkäse (weicher Hartkäse): Edamer, Tilsiter, Raclettekäse
Chile ancho	ist sehr mild. Im Notfall durch eine Mischung aus zwei Tomaten und einem Chile chipotle ersetzen — der Geschmack wird dadurch jedoch sehr verändert.
Chile jalapeño	eingelegte Peperoni (keine griechischen)
Chile poblano	ist in Spezialgeschäften in Dosen erhältlich. Kann durch grüne Paprika und grüne Pfefferschoten ersetzt werden.
Chile serrano	grüne Pfefferschoten. Da die Pfefferschoten in ihrer Schärfe sehr variieren, vorsichtig ausprobieren, wie viele verwendet werden sollen. Auch in Dosen erhältlich.
Epazote	(mexikanisches Teekraut) Zitronenmelisse, Zitronenblätter
Käse, frischer	eigentlich aus Kuhmilch, bei uns durch ganz milden Schafskäse zu ersetzen. Der Käse sollte zu zerbröckeln sein.
Kochbananen	unreife Bananen
Koriander, frischer	kann nicht ersetzt werden. Wenn möglich, selbst anpflanzen. In einigen Spezialgeschäften an einem Wochentag frisch zu kaufen. Außerdem sind im Handel unter der Bezeichnung »Cilantro» getrocknete Korianderblätter zu kaufen.
Limonen	Zitronen
Maisblätter	bei Tamales Leinen- und Baumwolltücher, bei Gerichten mit Flüssigkeit Aluminiumfolie
Maiskolben, frisch	Maiskörner aus der Dose. Zwei bis drei Maiskolben entsprechen dem Inhalt einer Dose.

Maismehl für Tortillas	im Notfall feines Maismehl. Maismehl für Tortillas ist dehydriertes Maismehl, während normales Maismehl aus feingemahlenen, trockenen Maiskörnern besteht. Wird normales Maismehl genommen, den Teig ein his zwei Stunden quellen lassen, erst vor Gebrauch salzen. Der Teig wird spröder als mit Maismehl für Tortillas.
Piloncillo	dunkler Rohzucker, Honig
Tomaten, grüne	die halbe Menge kleine rote Tomaten, die noch recht grün sind
Yerbabuena	frische Pfefferminze

In der Reihe »Gerichte und ihre Geschichte« erschienen in gleicher Austattung:

Magdi und Christine Gohary · Brahim Lagunaoui
◆ Arabisch kochen

Moema Parente Augel
◆ Brasilianisch kochen

Madhur Jaffrey
◆ Indisch kochen

Jürgen Schneider
◆ Irisch kochen

Ketselah Wubneh-Mogessie
◆ Ostafrikanisch kochen

Márcia Zoladz
◆ Portugiesisch kochen

Jojo Cobbinah, Holger Ehling
◆ Westafrikanisch kochen

Die Reihe wird fortgesetzt. Bitte fordern Sie unseren aktuellen Katalog an:

Verlag Die Werkstatt
Lotzestraße 24a
D-37083 Göttingen

Die Erstausgabe von »Mexikanisch kochen« (ISBN 3-905482-22-3) erschien 1986, die vierte, veränderte Auflage (ISBN 3-905482-69-X) 1993 in der Edition diá, Berlin. Für die vorliegende Ausgabe (ISBN 3-89533-248-8) wurde der Band vollständig überarbeitet.

Bitte fordern Sie unser Gesamtverzeichnis an:
Verlag Die Werkstatt, Lotzestraße 24 a,
37083 Göttingen